Comunicación en pareja y no más codependencia

2 libros en 1

Estrategias de desapego para solucionar cualquier conflicto con tu pareja y para poner un alto a las relaciones codependientes

Communicación en las relaciones: Errores que cada pareja comete y cómo arreglarlos

Descubre cómo resolver cualquier conflicto con tu pareja y crear una relación más profunda

Tabla de Contenidos

Introducción 7

Capítulo Uno - Relaciones 101 10
   Las Necesidades Vitales que Toda Relación Debe Cumplir 11
   Las cinco etapas de una relación 16

Capítulo Dos - El Diagnóstico 22
   6 Grandes Signos Usted y su Pareja Necesitan Comunicarse Mejor 22
   Las razones por las que no nos comunicamos 24
   Los 10 errores de comunicación que no sabes que estás cometiendo 26

Capítulo Tres - Hábitos para la Felicidad 31
   9 Hábitos de comunicación que salvan las relaciones 31
   Todo Sobre la Regla 80/20 36
   Medición de la felicidad con la proporción de la relación mágica 37
   Deja de enloquecerte por estos 6"problemas" 38

Capítulo Cuatro - El amor en todos los sentidos 43
   Todo lo que necesitas saber sobre Love Languages 43
   Cómo utilizar la comunicación no verbal en su beneficio 47
   Maneras menos conocidas pero poderosas de mostrarle amor a su pareja 48

Capítulo Cinco - Descodificación de su pareja 53
   Comprender las necesidades particulares de su pareja 54

5 Cosas Absolutamente Esenciales que Hacer Cuando Su Pareja Ha Experimentado un Trauma *58*

Capítulo seis - Todo es sobre ti 62
Cómo convertirse instantáneamente en una mejor pareja *62*

Entendiendo su estilo de apego a la relación *67*

Consejos imprescindibles para iniciar una nueva relación cuando se tiene un historial de malas relaciones *70*

Capítulo Siete - La bomba de tiempo que hace tictac 76
Cuándo pulsar el botón de pausa o de parada *76*

Cómo plantear sus inquietudes de la manera correcta *80*

5 Declaraciones para Desactivar Instantáneamente una Discusión acalorada *83*

Qué NO decir durante una discusión *84*

9 Problemas de relación que no se pueden arreglar *86*

Capítulo Ocho - Profundización del vínculo 91
Ejercicios y actividades que fortalecen las relaciones *91*

Bond al instante con estas 8 divertidas actividades de pareja *97*

Conclusión 102

Introducción

¿Recuerdas la primera vez que viste a tu pareja? Puede que no haya sido amor a primera vista, y quizás ni siquiera a segunda vista, pero estoy dispuesto a apostar en una cosa: pensaste que ganarles sería el mayor reto. Deseabas tanto conseguir esa fecha y cuando finalmente la conseguiste, te preguntaste qué podías hacer para que realmente les gustaras. Ahora, meses o años después, justo cuando pensabas que todo iba a ser fácil, te das cuenta de que el rompecabezas sólo se vuelve más confuso. Ahora, te das cuenta de que ganártelos fue la parte fácil. ¿Coexistiendo felizmente? Eso es una cifra totalmente diferente.

La comunicación era simple cuando todo eran cosas dulces y el conocerse unos a otros. Ahora que estás más cerca, hay diferentes cosas en tu mente. Usted tiene preocupaciones, tiene necesidades insatisfechas y ha notado otras maneras en las que le gustaría mejorar su relación. Lo más probable es que tu pareja sienta exactamente lo mismo.

El problema es que estas preocupaciones nunca son fáciles de expresar. Si se hace incorrectamente, podría herir los sentimientos de su pareja y causar daños irreparables. Y sin embargo, si no te expresas, puedes explotar, causando daños irreparables. Te sientes un poco acorralado, ¿no? No te culpo.

Su mente probablemente está girando con un millón de preguntas como: "¿Cómo puedo comunicarme con mi pareja de la manera más efectiva posible? ¿Cómo puedo mantener mi felicidad así como la de él o ella? ¿Y cómo puedo hacer todo esto sin agotarme completamente?"

Incluso si ya tienes una buena comunicación, ¿por qué parar ahí? Apunta a las estrellas. Su relación se lo merece.

Comunicación en pareja

Los estudios han demostrado que la mala comunicación es una de las principales razones por las que una relación fracasa. Muchas de esas relaciones podrían haberse salvado si hubieran tenido esta guía en sus vidas. Una relación terminada por una mala comunicación es una relación que podría haberse salvado. Todos podemos aprender a comunicarnos mejor, sin importar cuán tímidos o ineficaces seamos ahora. Todo lo que necesitamos son las herramientas y la motivación adecuadas. El hecho de que estés aquí ahora demuestra que hay muchas posibilidades de que ya tengas la motivación. Bien por ti. Ahora todo lo que necesita es el asesoramiento de un experto. Ahí es donde entro yo.

He pasado años clave de mi vida estudiando la forma en que los humanos interactúan entre sí - cómo usar cada gesto o mirada como una clave para los verdaderos sentimientos e intenciones de una persona. He prestado mucha atención a la forma en que los individuos se comunican y he desvelado los secretos de lo que tiene éxito y de lo que inevitablemente falla. Al mantenerme en sintonía con las necesidades de los demás, he descubierto trucos poco conocidos que pueden cambiar instantáneamente una dinámica tensa por una dinámica abierta y amorosa. He ganado mi experiencia al estar consciente de lo que funciona y lo que no funciona. He visto cómo las relaciones se deterioran a causa de frases mal redactadas, y he visto a las parejas reavivar su amor con sólo unas pocas palabras. He probado mis métodos en parejas al borde del abismo y las he visto florecer en su mejor forma. Incluso hoy en día, las parejas con las que he trabajado siguen agradeciéndome. Verás, una vez que tengas las herramientas, estarás listo de por vida.

Con mi ayuda, usted y su pareja están un paso más cerca de la fantasía que ambos comparten - la de poder decirse cualquier cosa el uno al otro y resolver absolutamente cualquier problema juntos. Puede que no sepas que compartes esta fantasía, pero lo sabes. Cuando la comunicación es tensa, ambos miembros de la pareja desean desesperadamente que mejore. Puedes pensar que no se dan cuenta, pero créeme, se dan cuenta tanto como tú. Con mi ayuda, harás que la comunicación sea la nueva norma. Empezarás un nuevo capítulo donde podrás mirar atrás y pensar:"¡No puedo creer lo lejos que hemos llegado!" Este libro te fortalecerá a ti y a tu pareja como equipo. ¿Y quieres saber algo más? Un gran equipo puede hacer absolutamente cualquier cosa juntos.

No deje pasar esta oportunidad de crecimiento. He conocido a muchas parejas que expresan un profundo pesar cuando saben que no se esforzaron tanto como podrían haberlo hecho. Siguen siendo perseguidos por los tiempos en que se les ofrecían buenos consejos y decían: "Tal vez más tarde". La verdad es que cuanto más esperas para hacer estos cambios, más te atascas en tus viejas costumbres. Cuanto más tiempo se comunique con su pareja de manera incorrecta (o no se comunique en absoluto), más daño y tensión acumula su relación.

Escoge el amor y elige a tu pareja, diciendo"sí" a una mejor comunicación en las relaciones. Su nuevo y feliz futuro juntos está tan cerca - ¡comienza en la siguiente página! Entonces, ¿a qué estás esperando?

Capítulo Uno - Relaciones 101

Si hay un tema que domina la música, la literatura, el cine, lo que sea, es sin duda alguna nuestras relaciones románticas. ¿Alguna vez te has preguntado por qué es esto? El amor romántico ciertamente no es la emoción más fuerte que sentimos, y los nuevos padres argumentan que ni siquiera es la forma más fuerte de amor. Entonces, ¿por qué seguimos escribiendo y haciendo arte sobre ello? La respuesta es simple: es porque todavía no lo entendemos.

El romance y las relaciones son algunos de los aspectos más desconcertantes de nuestras vidas. Los sentimientos de atracción pueden llegar inesperadamente, causando confusión y apoderándose de nuestras mentes racionales. A veces tenemos estos sentimientos cuando no tiene sentido sentirlos. Arrastrados por nuevos y ardientes romances, las personas pueden comportarse de manera diferente a su verdadero yo y perder de vista su mejor juicio. Y cuando entramos en relaciones, entramos en un nuevo reino de confusión emocional.

Hay una pequeña paradoja, ¿no? Llegamos a conocer muy bien a nuestros seres queridos y, al mismo tiempo, nos damos cuenta de lo mucho que no sabemos. Ellos son las personas que mejor conocemos y, sin embargo, también pueden ser los mayores misterios. Podemos conocer sus respuestas emocionales, sus hábitos, sus tics, pero rara vez sabemos *por qué* son así. Una mejor comunicación es la manera de eliminar esta distancia.

Antes de sumergirnos, hagamos una breve pausa y recordemos algo profundamente importante: dos mitades forman un todo. Para que una relación tenga éxito, dos individuos necesitan mantener su lado de la ecuación. Esto no significa sólo tomar turnos para lavar los platos o dividir la cuenta. Significa hacer el auto-trabajo para ser una mejor pareja. Significa reflexionar sobre sus necesidades y deseos, su comportamiento y considerar cómo ser mejor cuando se enfrenta a sus disfunciones.

Así que vamos al primer paso. ¿Recuerdas cuando hablamos de reflexionar sobre nuestras necesidades? Antes de que podamos empezar a comunicar nuestras necesidades y deseos, primero debemos saber cuáles son nuestras necesidades básicas.

Las Necesidades Vitales que Toda Relación Debe Cumplir

Por complicadas que parezcan las relaciones, nuestras necesidades básicas son bastante fáciles de categorizar. Para que una relación prospere, hay cinco necesidades básicas pero muy importantes que deben ser satisfechas por ambos miembros de la pareja. Tenga en cuenta que estas necesidades básicas no son las únicas que tenemos, sino que son las que todos compartimos. Cada individuo tiene necesidades únicas, dependiendo de su personalidad y experiencias.

Usted puede encontrar ciertas personalidades que tienen una mayor tolerancia a la falta de una de estas necesidades. Por ejemplo, ¿alguna vez has conocido a una pareja aburrida que parecía estar bien, a pesar de su falta de variedad? ¿O una pareja que se estimulaba intelectualmente, pero que no tenía una verdadera conexión emocional? Muchas parejas pueden hacer que funcione sin tener en cuenta las cinco necesidades. Pero las grandes preguntas siguen siendo: ¿son realmente felices? ¿No podrían estar más contentos?

La necesidad de sentir y estar seguro

Sin esta necesidad, una relación no es nada. Es el más básico de los cinco y se refiere a nuestra profunda necesidad de sentirnos emocionalmente, físicamente y psicológicamente intactos. . Sentir una falta de seguridad podría indicar algunos tipos de problemas: nuestro bienestar físico está amenazado o estamos siendo abusados emocionalmente.. Todo se reduce a que uno de los miembros de la pareja se sienta herido y anticipe que volverá a sufrir, a veces haciendo grandes esfuerzos para evitarlo.

Muchas personas no se dan cuenta de que esta necesidad no ha sido satisfecha porque piensan que el abuso es siempre intencional. Esto no es cierto en absoluto. Muchas parejas no se dan cuenta de que están usando tácticas emocionalmente abusivas como la iluminación de gases o la manipulación. Pueden tener estas respuestas conectadas a su cerebro sin darse cuenta del daño que causan.

Cuando su necesidad de sentirse seguro no está siendo satisfecha....

Sientes que no puedes ser vulnerable cerca de tu pareja. Temes que te hagan daño verbal o físicamente si las cosas no salen como ellos quieren. Te preocupa que en lugar de ser recibido con amor, te encuentres con más dolor o angustia. Constantemente piensas en cómo van a reaccionar en respuesta a algo que haces o dices; esto te impide expresar lo que necesitas expresar. Temes que si eres honesto sobre cómo te sientes, serás despedido, burlado, o podrías incitar a la ira. Usted tiene la clara sensación de que si comparte sus necesidades, recibirá una respuesta negativa.

La Necesidad de Sentirse Significativo

Vamos a aclarar un error: la seguridad y el significado no son lo mismo.. Usted puede tener total confianza de que su pareja no le hará daño, pero ¿es esto suficiente para sentirse valorado y especial? No debería serlo. Darle seguridad a alguien es decencia común, pero mostrarle que es importante es un acto de amor. Cuando nuestra pareja nos hace sentir significativos y especiales, nos sentimos bien con nosotros mismos y nos sentimos abrumados por el calor, sabiendo que todo lo que les damos es apreciado. Sentimos que el amor que damos está siendo recibido, y no sólo drenando a través de un pozo sin fondo. Esto, a su vez, nos anima a mostrar aún más amor.

Una persona que ha sido engañada es un ejemplo de alguien que ha visto comprometida su necesidad de importancia. No hay peor manera de mostrarle a alguien que no es especial que involucrándose con otra persona a sus espaldas.

Cuando nos peleamos, podemos seguir demostrando a nuestras parejas que son especiales al disculparnos cuando hacemos algo mal. Esto demuestra que consideramos sus sentimientos, tratamos de ver su punto de vista, y estamos tratando de compensar nuestras malas acciones. Demuestre a su pareja amor y aprecio. De lo contrario, ¿cuál es el punto?

Haga que su pareja se sienta significativa mostrándoles amor y respondiendo a sus gestos de amor con aprecio y afecto.

Cuando su necesidad de sentirse importante no está siendo satisfecha....

Te encuentras preocupado por la infidelidad de tu pareja o por si realmente te quieren. Usted puede comenzar a sentirse desechable, como si su pareja no lo viera realmente por lo que es. No te sientes particularmente especial en la vida de tu pareja. Sientes que sirves a una función, y no mucho más que eso. Te sientes abrumado por la sensación de que les has dado todo, pero de alguna manera no es suficiente.

La necesidad de variedad

Cuando llegamos a conocer a alguien extremadamente bien, nuestras vidas comienzan a convertirse en una rutina. Esto es algo normal, y desafortunadamente, el aburrimiento que surge de ello también es normal. Para mantener una relación saludable y que ambos miembros de la pareja estén contentos, es vital que cambiemos las cosas de vez en cuando. Los estudios han demostrado que nos sentimos más cerca de nuestra pareja cuando participamos juntos en actividades estimulantes.

Esto podría significar cualquier cosa: salir a cenar en lugar de cocinar, inscribirse en una actividad divertida en lugar de quedarse en casa, o incluso hacer algo nuevo en el dormitorio. Sea lo que sea que forme parte de su rutina normal, haga algo completamente diferente.

Cuando ambos miembros de la pareja tienen una vida laboral o familiar ocupada, una rutina es inevitable. Pero está completamente dentro de tu poder asegurarse de que no se vuelva aburrido. Enciende el fuego añadiendo un poco más de aventura!

Cuando su necesidad de variedad no está siendo satisfecha....

Usted ya no se siente tan emocionado por su pareja como antes. Se siente como si estuvieras atascado en un bucle. Se siente como si su vida juntos fuera sólo una serie de tareas que necesitan ser terminadas. Ha pasado un tiempo desde que experimentaron una emoción o un apuro juntos. Una parte de ustedes anhela sentir lo que sintieron al principio de su relación.

La Necesidad de la Conexión Emocional

Si una relación va a ser a largo plazo, la intimidad emocional es profundamente importante. Para mantener cualquier relación cercana en nuestras vidas, necesitamos hacer tiempo para conectarnos y permitirnos relacionarnos los unos con los otros. A veces esto puede resultar muy fácil para dos personas, pero también es completamente normal que algunas parejas tengan que esforzarse un poco más. Esto no significa que estén menos hechos el uno para el otro. Las diferencias culturales, de origen o de personalidad pueden ser factores que contribuyen a que dos personas sean más reticentes. Comience por compartir algo honesto y vulnerable, e invite a su pareja a compartir algo similar.

Cuando su necesidad de conexión emocional no está siendo satisfecha....

Su pareja a veces parece un misterio y a veces parece que usted no los conoce realmente. Tienes la sensación de que no te entienden, y tú también encuentras sus acciones desconcertantes y confusas. Pasas mucho tiempo preguntándote sobre ellos y por qué hacen lo que hacen. Usted también puede sentir que hay algo que ellos necesitan decir, pero se están resistiendo a decirlo. También sientes el impulso de compartir y abrirte, pero nunca hay tiempo suficiente. Todo se barre en otro momento.

La necesidad de expansión personal

Si su relación marca las cuatro casillas anteriores, bien por usted. Tienes una buena relación en tu vida. ¿Quieres saber cómo mejorarlo? Darse mutuamente oportunidades de expansión. En otras palabras, ayúdense mutuamente a crecer. La expansión personal puede venir en muchas formas, pero esencialmente, satisfacemos esta necesidad sintiendo que hemos aprendido algo o que estamos aprendiendo algo unos de otros.

En una relación sana, ambos miembros de la pareja se animan mutuamente a ser las mejores versiones de sí mismos. No se muestran complacientes con los objetivos o logros de su pareja y, desde luego, no se menosprecian mutuamente. Déle a su pareja retroalimentación positiva, gentil y crítica constructiva.

Otra forma de satisfacer esta necesidad es estimulando intelectualmente a nuestra pareja. Entra en una discusión y enséñense cosas nuevas el uno al otro. Expandir las mentes de los demás. Lo creas o no, todo esto se reduce a nuestra necesidad biológica de procrear para una mayor evolución. Queremos encontrar una persona con la que podamos colaborar de verdad; alguien que aporte cualidades evolucionadas a la mesa o que evolucione con nosotros.

Cuando su necesidad de expansión personal no está siendo satisfecha....

Su pareja le hace sentir estancado. A veces hasta te preguntas si te están reteniendo de lo que realmente podrías lograr. No te inspiran de ninguna manera. Cuando usted entra en discusiones, no siempre se siente como si estuviera en la misma página. A menudo te aburres o te confundes con lo que dicen. Usted no cree que su pareja sea muy sabia o muy inteligente.

Las cinco etapas de una relación

Después de estudiar cientos de parejas diferentes, la conocida asesora de relaciones, la Dra. Susan Campbell, notó algo interesante: al igual que los seres humanos, las relaciones tienen sus propias vidas, formadas por cinco etapas diferentes. Cada etapa tiene sus propios patrones distintos y con un poco de autoconciencia, todas las parejas podrán identificar dónde está exactamente su relación.

Sin embargo, a diferencia de los seres humanos, cada etapa varía en duración de una pareja a otra. Y no todas las parejas tienen la suerte de aprender las lecciones de cada una de las etapas, especialmente la más difícil de todas, la segunda. Para asegurarte a ti y a tu pareja a través de estos niveles con amor, confianza y gracia, es mejor que te informes sobre lo que son.

ETAPA UNO: Romance y Atracción

De todas las etapas, ésta es la que probablemente conozcas más. Las películas de Hollywood han convencido a mucha gente de que la primera etapa es como son las relaciones todo el tiempo - pero esto no podría estar más lejos de la verdad. En este punto temprano en la relación, ambos miembros de la pareja están completamente enamorados el uno del otro. Todavía vemos a través de gafas de color rosa, sólo viendo los aspectos positivos de nuestra pareja, mientras que en la negación de sus rasgos negativos. Aquí, todavía no vemos a nuestra pareja exactamente como son.

Sus cinco necesidades están suspendidas en esta etapa porque es menos probable que nos demos cuenta si no se están satisfaciendo. Es más probable que nos encogamos de hombros y le demos a nuestra pareja el beneficio de la duda porque la relación es tan nueva. Estamos muy satisfechos en esta etapa, eligiendo ver lo que queremos ver.

La duración de esta etapa varía mucho. Algunas parejas progresan al siguiente nivel después de tan sólo dos meses y para algunas parejas afortunadas, puede durar hasta dos años - pero rara vez más que eso. La primera etapa generalmente dura hasta que deciden declarar algún tipo de permanencia. Para algunas personas, aquí es cuando deciden empezar a salir exclusivamente, y para otras, puede ser que se muden juntos. La forma en que se percibe la permanencia varía de persona a persona.

ETAPA DOS: Desilusión y lucha

Después de la euforia y el ajetreo de la primera etapa, avanzamos a la parte más difícil de nuestra relación. Es la primera vez que se quitan las gafas de color rosa. Finalmente comenzamos a ver a nuestra pareja y a nuestra relación como son, y la decepción comenzará a filtrarse. Uno o ambos miembros de la pareja comenzarán a anhelar cómo eran las cosas al principio de la relación. Aquí es donde entra en juego el equilibrio: ¿cómo podemos mantener nuestra libertad personal a la vez que somos un?

Es importante recordar que pasar por esto es completamente normal. Debido a que los medios de comunicación nos han dado una idea tan poco realista del amor, tendemos a sacar conclusiones en la segunda etapa. Tan pronto como nos encontremos con estos problemas, pensamos que la relación debe estar condenada al fracaso. Te lo diré ahora: ¡la mayoría de los problemas que ocurren en esta etapa *pueden* ser solucionados!

Para avanzar a la siguiente etapa, es crucial que las parejas aprendan a hacerlo:

- Aceptaos los unos a los otros por lo que son y no por lo que quieren que sean.
- Llegar a un acuerdo sobre los comportamientos y hábitos que crean tensión en la relación.
- Adquirir herramientas y estrategias para la autotransformación positiva.
- Comuníquese honesta, amable y constructivamente.
- Acepta el cambio y deja de tratar de luchar contra él.

De repente, nuestras necesidades entran en juego. Si no se satisface una necesidad, aquí es donde empezamos a sentir que algo anda mal. Y si somos conscientes de nosotros mismos, sabremos exactamente cuál es esta necesidad. Resolver las necesidades insatisfechas ahora es la clave para satisfacerlas a largo plazo.

La mayoría de los divorcios y rupturas ocurren durante este período. Puede durar meses o incluso años. Las parejas pueden estar juntas durante mucho tiempo y permanecer atascadas en esta etapa, infelices hasta que finalmente deciden separarse. Los individuos son evaluados en esta etapa. La forma en que decidamos actuar y tratarnos determinará el curso que tome nuestra relación. Si rechazamos las lecciones que debemos aprender, estos problemas pueden volver a surgir en la próxima relación.

TERCERA ETAPA: Estabilidad y respeto mutuo

Si superas la tormenta, felicitaciones. Hay más paz y armonía en la tercera etapa. Aquí, las relaciones han madurado a lo grande y ambas partes, se den cuenta o no, son mejores versiones de sí mismas. Se utilizan estrategias y se respetan los compromisos. En lugar de tratar desesperadamente de cambiar a su pareja, usted se concentra en lo que está bajo su control. Usemos un ejemplo:

En la <u>segunda etapa</u>, Sam y Diane se peleaban constantemente. Diane llegaba a casa del trabajo y lo veía tumbado frente al sofá, viendo programas de televisión violentos y con una variedad de comida chatarra esparcida sobre la mesa de café. Esta era su rutina después del trabajo. Sam quería relajarse y sentirse como en casa, pero Diane quería que las cosas fueran más limpias y organizadas. En sus peleas, Sam llamó a Diane demasiado estricta y controladora, y ella lo llamó un vago desordenado.

En la <u>tercera etapa</u>, Sam y Diane han aceptado las diferentes necesidades del otro. Diane ahora entiende que es la forma de Sam de des estresarse del trabajo. Sam también entiende que Diane necesita ver un ambiente limpio y tranquilo para desestresarse de su propio trabajo. ¿La solución? Algunas noches, Sam puede relajarse como quiera, pero baja el volumen del televisor para que Diane pueda usar una aplicación de meditación en la habitación de al lado. Otras noches, Diane puede leer en paz y tranquilidad, mientras Sam ve sus programas de televisión con auriculares en la habitación de al lado. Y en noches especiales, verán un programa que ambos quieren ver y comerán bocadillos que ambos disfrutan. Si hay algo que les moleste, lo sacarán a relucir con suavidad y amabilidad, sin sacrificar a la otra persona.

En la tercera etapa, usted ha decidido comprometerse y ahora se está adaptando a la vida con estos nuevos cambios implementados. Por fin empiezas a entender qué es lo que hace una buena pareja.

Ya no ven los compromisos como una violación de su libertad personal, sino que los ven como oportunidades de cooperación. Todos los conflictos que surgen se tratan con madurez.

Las necesidades de conexión emocional y crecimiento personal probablemente estén bien satisfechas durante esta etapa. Para evitar aburrirse y estancarse, asegúrese de que haya una buena dosis de variedad.

CUARTA ETAPA: Amor y Compromiso

Aquí, el amor está completamente formado. Todas nuestras acciones explican nuestro compromiso con nuestro ser querido. No sólo se han aceptado el uno al otro y han aprendido a comprometerse, sino que han aceptado su vida juntos como *su vida*. Esto no siempre significa matrimonio, pero es aquí donde dos parejas están realmente listas para el matrimonio. En la tercera etapa, aceptamos la idiosincrasia de nuestra pareja, pero en la cuarta etapa, amamos y abrazamos estas diferencias.

Las parejas seguirán experimentando tensión y conflicto en esta etapa, pero esto suele ser circunstancial o incitado por los nuevos acontecimientos de la vida. Aquí ya han elaborado una dinámica para las situaciones que conocen bien, pero inevitablemente surgen situaciones para las que no están preparados.

Por ejemplo, Sam y Diane ya no tienen discusiones acaloradas sobre cómo comportarse en casa. Sin embargo, una noche en una cena, Sam contó una historia sobre Diane que realmente la avergonzó. Él pensó que sería gracioso, pero ella argumentó que era demasiado personal. Conflictos como este pueden surgir a veces, pero usando las herramientas que han aprendido en la Etapa Dos, pueden llegar a una resolución.

En esta etapa, es importante que las parejas se aseguren de que se satisfagan sus necesidades de variedad y conexión emocional. El compromiso se ha solidificado y a veces esto puede significar que la rutina ha comenzado a controlar su vida.

ETAPA CINCO: Simbiosis y Compartir

Cuando llegamos a la etapa final de nuestra relación, ya no somos insulares y contenidos. Aquí, empezamos a trabajar juntos para devolver algo al mundo. Una vez que se ha construido un cimiento fuerte, es natural querer construir hacia arriba y hacia afuera.

Esto puede significar hijos, pero no para todas las parejas. También puede significar iniciar un proyecto o negocio. Usted sabe que una pareja está en esta etapa cuando tienen una cualidad de dar, casi paternal, o simplemente parecen hacer *las cosas* juntos. Es lo opuesto de dos jóvenes tortolitos que se encierran en una habitación y no hablan con nadie; una pareja sólida quiere compartir con el mundo de alguna forma. Están dispuestos a colaborar de todas las maneras posibles.

Capítulo Dos - El Diagnóstico

Piensa en la última vez que fuiste al médico. No importa para qué era, si era grave o completamente leve, cada vez que ha tenido que ser encuestado para un diagnóstico. Antes de llegar a una solución o de que se administre un tratamiento, se deben anotar y analizar los síntomas. No importa cuán potente sea el medicamento; si es para tratar una dolencia que no tienes, no arreglará lo que realmente está mal contigo.

Este mismo principio se aplica aquí. Usted puede leer sobre consejos para una buena relación, pero no todos serán útiles para su situación específica. Si quieres mejorar tu relación, vas a necesitar ser realista acerca de cuáles son los problemas. El siguiente capítulo se centrará en identificar los puntos problemáticos de su relación. Sea honesto consigo mismo. Las señales están ahí, sólo tienes que notarlas.

6 Grandes Signos Usted y su Pareja Necesitan Comunicarse Mejor

1. Hablas de tu pareja más de lo que hablas con ellos

Es completamente normal hablar de nuestra relación con nuestros amigos y familiares, especialmente cuando necesitamos consejo, pero considera esta importante pregunta: ¿alguna vez compartes estos mismos temas directamente con tu pareja? ¿Cuánto pesan más sus comunicaciones *sobre* su pareja que sus comunicaciones *con* ellos?

2. Se ha vuelto irritable con su pareja o viceversa.

En un momento de su relación, parecía que su pareja podía hacer cualquier cosa y usted dejaba que se le escapara. Pero ahora, se necesita mucho menos para perder la paciencia con ellos. Te encuentras a ti mismo irritado por pequeñas cosas que nunca antes te habían molestado. Esta es una señal clave de que una de sus necesidades no está siendo satisfecha, y una señal de advertencia de que necesita abrirse al respecto antes de que usted se quiebre. Sea honesto con usted mismo y considere la verdadera razón detrás de su baja tolerancia.

3. Te encuentras a ti mismo preguntándote qué es lo que tu pareja está sintiendo realmente

Nunca debemos sentir que nuestra pareja es un misterio total. Si con frecuencia te encuentras tratando de entender a tu pareja como si fuera un rompecabezas complicado, entonces hay mucho que necesita ser aclarado entre ustedes dos. En una relación saludable con una gran comunicación, estamos en la misma página que nuestras parejas el 99% del tiempo.

4. Usted y/o su pareja son propensos a obstaculizar el proceso.

Cuando una de las partes se cierra, se niega a ser vulnerable y a cooperar, esto se llama bloqueo. Esto va más allá del tratamiento silencioso. Alguien que te está dando evasivas seguirá hablándote, pero tendrás la sensación de que tiene la guardia alta. No están siendo reales e incluso pueden estar jugando. Una persona que tiene miedo no está comunicando algo que necesita ser compartido. ¿Por qué otra razón tendrían una reacción tan fuerte a ser vulnerables?

5. Evitas ciertos temas y sientes como si estuvieras caminando sobre cáscaras de huevo.

A veces hay más de un elefante en la habitación. A veces puede incluso sentirse más como un mamut. ¿Se siente la habitación llena de palabras sin pronunciar? ¿Se nota la tensión? Esta es una gran señal de que la relación está luchando con la comunicación abierta. Por alguna razón, ninguna de las partes se siente cómoda diciendo lo que hay que decir.

Y lo más probable es que esto no sea lo único por lo que luchan por decir.

6. Uno o ambos miembros de la pareja están siendo pasivo-agresivos

La agresión pasiva es una gran señal de que hay algo por decir.. Ocurre cuando alguien no quiere ser odioso o abiertamente agresivo, por lo que trata de ventilar sus quejas sin ser completamente sincero. No están siendo realmente honestos, están tratando de hablar de ello sin *realmente* hablar de ello. El sarcasmo es otra forma de agresión pasiva cuando se usa de una manera desagradable. Cuando no podemos comunicarnos directamente, encontramos formas más indirectas de dar a conocer nuestros sentimientos.

Las razones por las que no nos comunicamos

Conocer la razón detrás de la mala comunicación no nos dará las herramientas que necesitamos, pero nos mostrará por dónde empezar a trabajar. ¿Cómo podemos esperar llegar a algún lado si no sabemos por dónde empezar?

- **Uno o ambos miembros de la pareja tienen problemas para ser vulnerables**

Esta es una razón común por la que la gente no se comunica y es un obstáculo que se puede superar con la práctica. Hay muchas razones extremadamente válidas por las que alguien puede tener problemas para ser vulnerable. A veces hay una historia de abuso, diferencias culturales, una educación opresiva, o tal vez es sólo la personalidad de esa persona.

- **Tienes miedo de que te critiquen.**

Cuando estamos en una relación con una persona altamente crítica, esto puede afectar nuestra capacidad de ser abiertos con ella. Es menos probable que seamos honestos porque estaremos constantemente pensando en cómo reaccionarán a nuestros pensamientos honestos. Incluso si es algo que no les molesta en absoluto, podemos anticipar en exceso esta reacción por ansiedad.

- **No te das cuenta de que hay algo que tienes que decir**

A muchas personas en el mundo se les ha enseñado a vivir con una actitud de "levantarse y seguir adelante". Si bien esta es una gran manera de abordar los problemas de la vida, puede hacer que la comunicación sufra en una relación. Por qué? Porque esta actitud nos lleva al hábito de tragarnos nuestro dolor y angustia, sin reconocerlo. Tratamos de suprimir estos sentimientos y al hacerlo, nos volvemos menos conscientes de cómo nos sentimos realmente. Así que cuando hay algo que necesitamos desesperadamente plantear a nuestra pareja, es posible que no seamos conscientes de lo que realmente es. Esto puede resultar en un comportamiento muy ambiguo y pasivo-agresivo.

- **Sus vidas se han vuelto muy ocupadas**

Cuando estamos ocupados, no sólo no nos comunicamos porque literalmente tenemos menos tiempo para hablar. Tener menos tiempo con nuestra pareja significa que también empezamos a perder el sentido de la intimidad.. Cuando nos sentimos distantes de nuestras parejas, es menos probable que queramos compartir algo personal con ellas.

- ***Uno de ustedes está guardando un secreto***

Es una posibilidad que no nos gusta considerar, pero sigue siendo una potencialidad para cualquier pareja. Cuando tenemos algo que ocultar, puede afectar a la comunicación en su conjunto. Subconsciente o completamente consciente, la pareja con el secreto comienza a mantener su distancia, sabiendo que es la única manera de proteger su secreto. A menudo, su pareja también sentirá que algo está mal, lo que sólo conduce a una mayor distancia e incluso a una peor comunicación. Este secreto no es siempre una traición como la infidelidad.

- **Te estás aferrando al resentimiento**

Cuando nuestra pareja guarda rencor, deja de permitirse conectarse con su pareja. El rencor puede ser por algo tonto o algo enorme, pero siempre tiene el mismo efecto. El resentimiento es tan fuerte que casi puede sentirse como una tercera entidad en la relación. Incluso si verbalizamos que hemos perdonado a nuestra pareja, mientras haya una pizca de resentimiento, este perdón no está del todo presente. Cuando guardamos rencor en secreto o no tan en secreto, la comunicación puede sentirse tensa o completamente inexistente. El compañero en el extremo receptor sentirá que hay una pared que no puede pasar.

Los 10 errores de comunicación que no sabes que estás cometiendo

Otro paso de principiante para mejorar la comunicación en las relaciones es ver qué es lo que está impidiendo el progreso. Antes de que podamos siquiera pensar en remedios y soluciones, necesitamos identificar qué conducta es absolutamente necesaria. Es hora de ser honesto contigo mismo.

1. **Te niegas a ser responsable de nada**

Cuando nos enfrentamos a una situación que nos angustia, es difícil de aceptar que hayamos desempeñado un papel importante para que esto ocurriera. Pero la dura realidad es que normalmente lo hacemos. Cuando estamos en una relación, es vital que aprendamos a tomar responsabilidad por nuestra parte en una situación. Las disculpas no significan nada si no hay responsabilidad para respaldarlo. Cuando aprendemos a reconocer nuestras acciones, creamos un espacio seguro de honestidad, vulnerabilidad y amabilidad en nuestra relación. Refuerza la idea de que son un equipo. Sí, ambos jugaron un papel en la creación de una circunstancia desfavorable, pero lo más importante es que ambos pueden trabajar juntos para prevenirla en el futuro. No trate a su pareja como el villano; trátela como a un miembro de su equipo.

2. Estás descartando los sentimientos de tu pareja

He aquí un secreto que probablemente ya conozcas: a veces vas a pensar que los sentimientos de tu pareja son ridículos. A veces, usted no los entenderá en absoluto y puede tener el impulso de simplemente alejarse. Sin embargo, es importante recalcar que *nunca* debe alejarse o encogerse de hombros. Descartar los sentimientos de su pareja puede causar mucho daño. Usted necesita entender que aunque no signifique nada para usted, podría estar causando mucho dolor a su pareja. Cuando desestimas los sentimientos de tu pareja, les dices que no te importa cómo se sienten. Esto puede crear un dolor aún más profundo para ellos y arruinar la comunicación en su relación.

3. Está usando lenguaje áspero o abusivo

Usted podría estar diciendo algo completamente razonable, pero si está usando un lenguaje abusivo o insultándolo para demostrar su punto de vista, usted y su pareja se están haciendo un flaco favor. Cuando utilizamos un lenguaje abusivo para transmitir un mensaje, es mucho menos probable que sea escuchado. Nadie quiere que lo regañen como a un niño o que lo hagan sentir como a un fracasado. El lenguaje y el tono que usamos deben animar a nuestra pareja a hacerlo mejor, no avergonzarla por lo que ha hecho. Tan pronto como hacemos esto, hacemos más probable que nuestras parejas actúen por miedo, en lugar de por empoderamiento y amor. Este tipo de comportamiento puede arruinar una relación y, en algunos casos, puede incluso traumatizar a la persona que la recibe. Es esencial arreglar este comportamiento tan pronto como surja.

4. Estás gritando y gritando

Si usted está levantando la voz o gritándole a su pareja, está matando todas las posibilidades de verle cara a cara. Al igual que el uso de lenguaje abusivo, esta es la manera incorrecta de transmitir un mensaje. No importa cuán racional sea ese mensaje o cuánta razón tengas; cuando gritas y gritas, haces que tu mensaje sea menos poderoso. La entrega de su mensaje debe animar a su pareja a cooperar con usted, no a acobardarse de miedo. Cuando actuamos con agresividad, aumentamos la probabilidad de que nuestra pareja reaccione a la defensiva. En cuanto lo hagamos, entraremos en modo de combate. Nada se resuelve cuando estamos en modo de combate.

5. Siempre cedes y te disculpas

No siempre se trata de ser demasiado agresivo, también se puede ser demasiado sumiso. Si te encuentras constantemente de acuerdo y disculpándote aunque no hayas hecho nada malo, estás tomando la salida fácil. Es cierto que debemos escoger nuestras batallas y a veces es más importante tragarnos nuestro ego en lugar de discutir, pero esto no debería ser algo común. Si te encuentras constantemente con el mismo problema con tu pareja, es hora de dejar de dar marcha atrás tan fácilmente. Si usted continúa asumiendo la culpa, el problema nunca se resolverá porque usted no es la persona que lo está causando. Por el bien de la relación, usted necesita decirle a su pareja cómo están creando la situación en cuestión. Ayúdelos a ver la oportunidad de mejorar las cosas.

6. No piensas antes de hablar

Tirar palabras como "siempre" o "nunca" cuando no se quiere decir literalmente, a veces puede ser perjudicial para la situación en cuestión. Por ejemplo, si le dices a tu pareja, "Siempre estás lloriqueando" o "Nunca me ayudas con nada", es probable que no sea una afirmación exacta. Si no es literalmente cierto, puede parecer doloroso porque estás exagerando el problema. Es esencial que se atenga a los hechos cuando plantee un problema y se mantenga alejado del lenguaje que señala con el dedo.

7. Estás siendo *demasiado* honesto.

Siempre escuchamos que nunca debemos ocultarle nada a nuestra pareja, pero eso no es del todo cierto. Es posible ser *demasiado* honesto y puede causar mucho daño. Como regla general, generalmente es una buena idea ser honesto sobre algo que *hiciste*, pero no siempre es necesario decirles todo lo que *piensas*. Si estás planeando almorzar con un ex, deberías ser absolutamente honesto sobre esto. Pero, ¿debería decirle a su pareja que encuentra atractiva a una de sus amigas? Definitivamente no. Este tipo de honestidad puede herir los sentimientos de alguien.

8. No te permites ser vulnerable

Es normal sentir cierta resistencia a ser vulnerable. Después de todo, estamos dando a alguien información muy personal y es natural que queramos protegernos. Pero para que una relación sea saludable, es vital que aprendamos a ser vulnerables con nuestra pareja. Todo esto significa que necesitamos compartir cómo nos sentimos de una manera honesta y abierta. Significa mostrar un lado de nosotros mismos que normalmente no mostramos a nadie. Para lograr un verdadero sentido de intimidad, necesitamos dejar entrar a la gente. Evite comunicarse enigmáticamente o usar el sarcasmo y el humor en situaciones serias.

9. ¿Esperas que tu compañero te lea la mente

Esta es una razón común por la que la gente se enoja entre sí y es fácil de prevenir. La frustración proviene de la idea de que nuestra pareja debe *saber* cuando algo anda mal, y deben *saber* qué hacer para solucionarlo. Esto no es justo para tu pareja. Por supuesto, sus emociones y necesidades le parecen obvias. Después de todo, ¡tú eres el que los siente! Hay muchas razones por las que su pareja no se daría cuenta y la mayoría de ellas no valen la pena. El hecho es que cuando no esperas que alguien tenga una cierta reacción, es menos probable que notes las señales. Así que dale un respiro a tu pareja y sé honesto. Una vez que elimine el problema, puede empezar a trabajar en las soluciones.

10. Atacas a tu pareja y no el problema

Cuando nuestros seres queridos hacen algo que nos molesta, puede ser tentador empezar a atacar su carácter, pero nunca debemos hacerlo. Digamos que se olvidaron por completo de recoger los comestibles de camino a casa desde el trabajo. Tan enloquecedor como esto puede ser, no digas: "Eres tan olvidadizo. ¡Te olvidas de todo!" Incluso si tienen tendencia a olvidar, siempre enfóquese en el tema en cuestión. En lugar de llamarlos olvidadizos, mencione lo que realmente está incitando su enojo en esta situación específica, es decir, olvidarse de los comestibles. Considere la posibilidad de decir algo como: "Realmente me gustaría que te esforzaras más por recordar estos importantes recados. Me sentiría mucho mejor si pudiéramos compartir la tarea de recoger los comestibles." Incluso puede ofrecer una solución como crear un recordatorio telefónico. También podrías rendir cuentas y añadir: "Debí haberte enviado un mensaje de texto para recordártelo. Sé que tienes muchas cosas en la cabeza después del trabajo". Cuando atacamos el carácter de nuestro compañero, esto es un desprecio. Puede hacer que se sientan mal consigo mismos y esto no ayuda a crear una solución.

¿Cuántos de estos problemas y signos ha reconocido en su relación? Cuanto más resuene, más desesperadamente su relación necesita una mejor comunicación. Y no se preocupe, ¡la mayor parte de esto es completamente solucionable!

Capítulo Tres - Hábitos para la Felicidad

El poder de los pasos de bebé está muy infravalorado. Sólo piénsalo: nuestras vidas no están hechas de grandes logros y destinos finales. Está hecho de las luchas más pequeñas, el trabajo diario, y las pequeñas victorias que se acumulan en grandes victorias.

Una de las principales maneras en que nos preparamos para el fracaso es centrándonos en el resultado final y no en los pequeños pasos que nos llevan allí. Por ejemplo, podemos decir que queremos perder peso, pero en lugar de crear metas alcanzables paso a paso como "Come un postre una vez a la semana" o "Come una ensalada cada día", crearemos metas grandes como "Pierde 5 libras en una semana" sin un solo método para ayudarnos a progresar.

El secreto para lograr cualquier cosa es éste: crear buenos hábitos que apoyen su objetivo. ¿Quieres una comunicación fantástica en tu relación? Probablemente no va a ser excelente de inmediato. Y el progreso será lento si no planeas pasos más pequeños y alcanzables. Si desea una mejor comunicación, tendrá que crear mejores hábitos de comunicación. Comienza con la implementación de una técnica, luego otra, y aprendiendo a hacer de estas nuevas herramientas parte de su rutina. Para tener éxito, necesitas reinventar tus normas.

9 Hábitos de comunicación que salvan las relaciones

1. Check-in con cada uno todos los días

Este acto es tan simple, pero tan poderoso. Por lo menos una vez al día, obtenga información actualizada sobre cómo le está yendo a su pareja. Esto no siempre significa preguntar "¿Cómo estás?", también puede significar preguntar cómo les fue el día cuando se vieron después del trabajo. Si recuerda que su pareja mencionó una reunión difícil, pregunte cómo le fue en esa reunión. Al hacer esto, demostramos a nuestra pareja que nos importa y que estamos escuchando.

2. Aprender a usar las afirmaciones "I feel/It feel" (Yo siento/Ello siente)

Cuando empiezas una declaración con "I feel", convierte una declaración potencialmente acusadora o asuncionista en algo más suave. Para obtener el mejor resultado posible en cualquier situación, especialmente cuando nuestra pareja se encuentra en un estado de ternura, las declaraciones de "siento" son la mejor manera de comunicarse con ellos. Note la diferencia entre estas dos afirmaciones:

- "No me estás escuchando. No has oído nada de lo que he dicho".
- "Siento como si no me estuvieras escuchando. Parece que no has oído nada de lo que he dicho".

Cambia el énfasis de "tú" a "yo". Note cómo esto hace que algo que podría ser interpretado como acusatorio o agresivo de repente se convierta en una observación honesta. No le estás diciendo a tu pareja cómo actuaron; estás enfatizando cómo estás experimentando sus acciones. Hay una gran diferencia. Esto es más difícil de discutir porque cuando explicamos cómo nos sentimos, nos volvemos vulnerables. Ya que sólo decimos "lo que se siente" de esa manera, le damos a nuestra pareja la oportunidad de decir que eso no es lo que ellos querían decir. Cuando no usamos "se siente", acorralamos a nuestra pareja, haciendo que su cooperación sea menos probable.

3. Reconsidere lo que usted considera "sin importancia".

Este consejo menos conocido es notablemente efectivo para transformar las relaciones. Cuando nuestra pareja dice algo que no creemos que sea tan importante, no logramos hacer una realización masiva: ¡puede ser muy importante para ellos! Siempre que estés a punto de decir "Eso es bonito, cariño" o incluso de ignorar lo que dicen, considera el impacto positivo que tendría una respuesta adecuada. Si su pareja acaba de llegar a casa del trabajo y menciona de pasada que hizo un nuevo amigo, no sólo asienta con la cabeza y diga "Oh, genial". Di con entusiasmo:"Es maravilloso que hayas hecho un nuevo amigo".

¿Quieres saber algo más? Si su pareja muestra entusiasmo, incluso si es por algo pequeño, usted debe encontrar ese entusiasmo con interés o, al menos, debe reconocerlo apropiadamente. Si vas a dar un paseo y tu pareja te dice: "¡Oh, mira! Qué pájaro tan bonito", es muy probable que no te importe el pájaro tan bonito. Pero nunca debe ignorar a su pareja cuando está entusiasmada con algo. Di:"Me pregunto qué clase de pájaro es" o simplemente concuerda con ellos diciendo:"Es un pájaro muy bonito". Usted debe responder por lo menos una vez a su declaración.

Todo esto crea una conexión más cercana y permite que su pareja se sienta verdaderamente significativa. Disminuye los sentimientos de ser ignorado e inadvertido. Si la necesidad de importancia de su pareja no se está satisfaciendo, este es un hábito que usted debe implementar en su comunicación diaria.

4. Haga preguntas sobre sus intereses

Acostúmbrese a preguntarle a su pareja sobre temas o eventos que le interesen. No me refiero sólo a temas que ellos piensan que son interesantes, sino a los temas que los excitan realmente, aunque sean un poco tontos. Si a tu pareja le gustan los chismes de celebridades, pregúntale cuál es su celebridad favorita últimamente, o pregúntale qué pensaron del último artículo sobre ellos.

Piense en la última vez que vio los ojos de su pareja iluminarse cuando hablaban. Es un buen punto de partida. Cuando adquirimos el hábito de hacer esto, construimos una conexión más fuerte con nuestra pareja. Los hace sentir especiales porque no sólo recuerdas lo que les gusta, sino que te importa lo suficiente como para dejarlos hablar de ello.

Mientras hablan, muestre un entusiasmo genuino por lo que están diciendo.

5. Diga por lo menos una cosa positiva o alentadora a su pareja todos los días

No tiene que ser una carta de amor larga e interminable; sólo dígale al menos una cosa positiva a su pareja todos los días, aunque sea corta y dulce. Puede ser cualquier cosa, y se debe hablar con entusiasmo. También eres libre de hacer esto por texto. Algunas ideas son:

- "Has estado trabajando muy duro últimamente. Sabes, realmente admiro lo trabajador que eres".
- "Sé que has estado estresado, pero creo que lo estás llevando todo muy bien."
- "Te ves maravillosa hoy."

Si no se te ocurre nada, ¿por qué no un simple pero sincero "te quiero"? Pimienta más declaraciones positivas en tu comunicación diaria con tu pareja y descubrirás que toda tu dinámica se vuelve más amorosa al instante.

6. Si no está de acuerdo, invítelos suavemente a reflexionar

No puedes evitar los desacuerdos con tu pareja, pero *puedes* evitar convertirlos en argumentos en toda regla. En lugar de afirmaciones de "debería" o "no debería", anímelos a reflexionar. No les des una idea, llévalos a ella.

Usemos un ejemplo. Kelly ha planeado una cita para almorzar con una amiga que siempre la ha despreciado y ha sido mala con ella. Su compañero, James, no cree que sea una buena idea que se reúnan. En lugar de decir: "No deberías encontrarte con ella", opta por incitar a la reflexión. Él pregunta: "¿Crees que se comportará de la misma manera que la última vez?" y "¿Qué crees que será diferente esta vez?" James permite que se conozca su opinión usando frases "I". Él dice: "Sólo me preocupa que sea una mala amiga, como suele serlo. No me gusta verte enfadado".

Utilice preguntas para invitar a su pareja a reflexionar, y si tiene que añadir su opinión, utilice siempre las frases "I".

7. Sigue diciendo 'por favor' y 'gracias'.

Cuando dejamos de usar nuestros modales básicos con alguien, es una señal preocupante de que hemos empezado a darlos por sentados. Asegúrese de que, pase lo que pase, siempre tendrá el hábito de decir "por favor" y "gracias" en los momentos apropiados. Aunque estés de mal humor, deberías decirlo. Esta es la manera más básica de mostrar aprecio por alguien, y cuando nos detenemos, mostramos un sentido de derecho. Usted puede pensar que su pareja no se dará cuenta, pero ellos lo harán, especialmente cuando han puesto un esfuerzo considerable en proporcionarle algo. Siempre muestre aprecio por los esfuerzos de su pareja y adhiérase a estos buenos modales básicos.

8. Participe en conversaciones de almohada

Incluso cuando ambos miembros de la pareja tienen horarios ocupados, no hay razón para que no puedan disfrutar de una pequeña charla de almohada. Después de todo, todos necesitamos irnos a la cama en algún momento. La charla de almohada se produce al final del día, cuando las parejas se acuestan en la cama. Consiste en una conversación íntima y relajada en la que ambos miembros de la pareja pueden compartir sus pensamientos. Las parejas pueden elegir acurrucarse o no, pero el contacto físico tiende a crear una atmósfera más amorosa. Si estás teniendo una conversación algo tensa, los abrazos pueden reducir la combatividad y aumentar la probabilidad de cooperación. Cuando las parejas se acostumbran a hablar en la almohada, tienen una mayor oportunidad de mantener viva la intimidad y la conexión en su relación.

9. Comparta abiertamente con su pareja

Para crear una mayor sensación de intimidad y conexión, no espere a que le hagan preguntas, simplemente empiece a compartir partes interesantes de su día. Cuéntales sobre cosas divertidas que sucedieron en el trabajo, o sobre el texto hilarante que tu amigo te envió. Si estás molesto por algo que sucedió, sé vulnerable y compártelo con ellos. Una vez que empiezas a hacer esto, creas un ambiente donde el compartir y la apertura no es sólo bienvenido, sino completamente normal. Esto significa que es más probable que su pareja también comparta con usted. Cuando la distancia aumenta entre dos personas, tienden a pensar demasiado en cómo mejorarla. La solución es simple: comience a actuar como si no hubiera distancia alguna.

Cuando compartas abiertamente con tu pareja, asegúrate de que haya una oportunidad para que ellos también lo hagan. No pases horas hablando sólo de ti y de tu día. Invítelos a compartir cosas que son emocionantes o interesantes en su vida. Por supuesto, algunos de nosotros somos naturalmente más habladores, y a veces, simplemente no podemos evitarlo. Para asegurar que haya un intercambio uniforme de conversación, considere la siguiente técnica:

Todo Sobre la Regla 80/20

Si usted normalmente es el que más habla o siente que su pareja necesita desahogarse, opte por la regla 80/20. Esta técnica es extremadamente fácil y directa. Cuando esté hablando con su pareja, trate de escuchar el 80% del tiempo y sólo hable el 20% del tiempo. No uses esta técnica en cada conversación con tu pareja, ya que no siempre es apropiado y a veces es mejor mantenerla al 50%. Póngalo en juego sólo si su pareja necesita expresar algo, si siente que se avecina una discusión, o si simplemente quiere practicar para ser un mejor oyente.

Medición de la felicidad con la proporción de la relación mágica

Para entender mejor la felicidad en las relaciones, los psicólogos estudiaron una gran variedad de parejas pidiéndoles que resolvieran un conflicto en 15 minutos. Estas conversaciones fueron grabadas y observadas nueve años después. Los mismos psicólogos hicieron predicciones sobre qué parejas permanecerían juntas y cuáles se divorciarían. Sorprendentemente, un seguimiento con las parejas involucradas encontró que los psicólogos tenían un 90% de precisión en sus predicciones!

Esto los llevó a descubrir la Relación Mágica en las relaciones. Encontraron que la mayor diferencia entre parejas infelices y felices es el equilibrio entre las interacciones positivas y negativas durante los momentos de conflicto. En este caso, el equilibrio de estas interacciones no es una división uniforme. La proporción mágica es, de hecho, de 5:1.

Lo que esto significa es que por cada interacción negativa, una pareja sana y feliz tendrá cinco o más interacciones positivas para compensar la negatividad. Las interacciones negativas pueden incluir cosas como girar los ojos, la desestimación, la defensa o la crítica. Y para contrarrestar esto, las parejas deben participar en interacciones positivas como el afecto físico, bromas bien intencionadas, disculpas, mostrar aprecio, hacer preguntas bien intencionadas, aceptación y encontrar oportunidades para llegar a un acuerdo. La proporción de 5:1 indica que una pareja es feliz, saludable y probablemente permanecerá unida a largo plazo, mientras que la proporción de 1:1 es común para las parejas que ya están al borde del divorcio o de la ruptura.

Si hay algo que se puede quitar de esta proporción, es que la negatividad hace mucho daño! Después de todo, se necesitan cinco interacciones positivas para compensar una sola negativa. Siempre tenga eso en mente al avanzar y tenga cuidado de no dejar que demasiada negatividad se filtre en sus interacciones diarias. Piense en la última vez que tuvo un conflicto con su pareja. ¿Cuántos casos de positividad y negatividad mostraron ambos?

Deja de enloquecerte por estos 6"problemas"

Cuando tenemos una relación profunda, muchas cosas empiezan a cambiar - naturalmente, esto nos hace preocuparnos. Las chispas y las mariposas son reemplazadas por otros sentimientos, y no está del todo claro si esto es algo bueno o malo. ¿Significa esto que ya no estás enamorada? ¿Su relación está condenada al fracaso? ¡Deja de preocuparte! La mayoría de las veces, las parejas se preocupan por algo que es completamente normal.

Es importante que eliminemos el hábito de enloquecer. Cuando nos volvemos locos, estamos tan atrapados en la emoción que no consideramos una solución real. Y déjame decirte que *hay* soluciones. A continuación, se incluyen algunos de los problemas más comunes de las relaciones y, mejor aún, cómo puede solucionarlos a través de la comunicación.

1. Su relación no es tan emocionante como antes.

De todas las quejas y preocupaciones, ésta es, con mucho, la más común. Pregúntele a cada pareja a largo plazo y ellos le dirán que la emoción de sus primeros días se ha calmado. El apuro de una nueva experiencia ha sido reemplazado por un sentido de familiaridad y cercanía. ¡No te asustes por esto! Has encontrado estabilidad. No pienses en ello como si hubieras perdido algo, sino como si estuvieras entrando en una nueva fase. Su relación se ha nivelado.

Es importante distinguir entre una relación que se siente menos emocionante y una que ha perdido *toda la* emoción. Si estás en el segundo campamento, tienes que pensar un poco más. O usted y su pareja se han hundido demasiado en una rutina rígida, o han perdido los sentimientos el uno por el otro. Lo más probable es que sea sólo rutina. Han dejado de ocuparse de las necesidades de los demás en cuanto a variedad, conexión emocional y expansión personal. Considere tener una cita de corazón a corazón y programar una noche de cita. Haga el esfuerzo de darle sabor a su rutina. No es tan difícil como crees!

2. A veces quieres desesperadamente estar a solas

Es normal querer estar a solas, en realidad es muy saludable. Significa que usted y su pareja han evitado volverse codependientes y esto es vital para la salud de una relación. Anhelar la soledad significa que todavía valoras tu independencia y esto es algo de lo que sentirte orgulloso, no preocupado.

Decirle a su pareja que necesita un tiempo de separación no debería ser una discusión difícil. Sea directo, sea casual y evite convertirlo en una charla seria - hacer que parezca demasiado serio hará que su pareja piense que hizo algo malo. Sólo di: "Hace tiempo que no tengo tiempo para mí mismo y siempre he necesitado soledad para recargarme. ¿Puedo verte cuando termine el fin de semana?" Si su pareja es menos independiente que usted, concluya con un plan para su próxima reunión, para que tengan algo que esperar. Aprender a pedir tiempo a solas es un hábito fantástico que hay que adquirir cuando se entra en una relación. Lo ideal es que ambos miembros de la pareja puedan tomarse un tiempo libre cuando lo necesiten, sin preocuparse por la otra persona.

Comunicación en pareja

3. Atrapaste a tu compañero mirando a alguien más

La primera vez que ve a su pareja deambulando por otro lado, puede ser muy angustiante. Está bien ser tomado por sorpresa, pero usted debe darse cuenta de que esto es una ocurrencia completamente normal. Incluso las parejas más comprometidas encontrarán atractivas a otras personas. La atracción hacia otras personas no dice nada sobre sus sentimientos hacia ti. Piensa en la última vez que viste a alguien que te pareció atractivo. Pudo haber sido alguien que se te cruzó en la calle, o quizás fue una celebridad atractiva en una película. ¿Recuerdas cómo se te atrajeron los ojos hacia esa persona? Era automático, pero no estaba alimentado por ninguna emoción real. Nuestros cerebros están conectados para disfrutar mirando lo que encontramos atractivo, pero lo único que es un dulce para la vista, a menos que lo persigamos.

. Esto sólo los hará sentir avergonzados e incómodos. Incluso puede hacer que se sientan ansiosos si están cerca de alguien a quien encuentran atractivo - ¡lo que lleva a una incomodidad aún mayor para todos! Sólo recomiendo que lo mencione si su pareja lo hace continuamente y de una manera abierta o irrespetuosa. Si sus ojos permanecen demasiado tiempo, o si eso les hace dejar de prestarle atención, siéntase libre de decir: "¿Podría no hacer eso, por favor? Realmente me molesta". Sea directo y claro. Y recuerde, este es un problema muy común.

4. Tienes intereses muy diferentes

Pregúntele a cada asesor de relaciones o matrimonios, y le dirán que hay algunas parejas muy sanas y felices con intereses completamente diferentes. A veces incluso intereses opuestos. En cierto modo, esto puede ser bueno para una pareja. Con intereses diferentes, se hace fácil mantener su independencia, algo que es muy bueno para las parejas a largo plazo. Cuando una pareja tiene todo en común, se arriesga a pasar demasiado tiempo juntos, a volverse codependientes y, si no tienen cuidado, a quemar el fuego de su relación. Acepta el hecho de que tienes intereses diferentes. Cambie su perspectiva: no son demasiado diferentes, se *complementan entre sí*.

Si tener diferentes intereses significa que raramente se ven, asegúrese de programar por lo menos dos días a la semana en los que pueda participar en la misma actividad. Por ejemplo, puede ver una película en casa, ir al cine, ir a un bar de jazz o a una función de teatro. Incluso pueden elegir aprender juntos una nueva habilidad, como la cerámica o la pintura. Hablen entre ustedes y lleguen a un acuerdo sobre la manera en que pueden divertirse juntos.

5. A veces tu pareja te molesta de verdad

Conoces esos momentos, ¿no? Miras a tu compañero y deseas que se calle. O desearías que se quedaran sentados y dejaran de hacer lo que están haciendo. En los días malos, usted podría incluso irritarse por cosas tontas como qué tan ruidosas están respirando o cómo hablan.

Lo creas o no, esto también es normal, siempre y cuando no sea persistente. Si te encuentras sintiéndote así durante días y días, existe la posibilidad de que hayas perdido los sentimientos por esta persona o que estés pasando demasiado tiempo con ella. Pero si dura sólo unas pocas o varias horas, y luego te encuentras volviendo a tus sentimientos de afecto, entonces no tienes nada de qué preocuparte. ¡Estás en una relación normal y duradera! Durante sus momentos de molestia, sepa que es normal, y resista el impulso de decir algo hiriente.

6. Ya no tienes tanto sexo como antes.

Las encuestas han demostrado que esta preocupación es una de las más comunes. Las parejas, en casi todas las etapas, tienen algún nivel de

Comunicación en pareja

preocupación de que no están teniendo relaciones sexuales tanto como deberían. La verdad es que es completamente normal que el sexo se vuelva menos frecuente con el tiempo. Y es normal que la frecuencia de las relaciones sexuales fluctúe, dependiendo de lo que está sucediendo en la vida de cada persona. Una vez que la fase de luna de miel ha terminado, una relación comienza a establecerse, ¡y eso está totalmente bien! Esto no significa que su pareja ya no le desee, y ciertamente no significa que los sentimientos se hayan perdido. Si todavía está preocupado, entonces programe un momento en el que usted y su pareja puedan dejar todo y concentrarse en intimar. ¡Pruebe algo nuevo que no haya hecho antes!

Capítulo Cuatro - El amor en todos los sentidos

La comunicación no es sólo acerca de lo que decimos en palabras. Considere las palabras:"Claro, sería estupendo". Puedes decir eso con amabilidad, pero también puedes decirlo con sarcasmo o vacilación. El significado de todo lo que decimos puede cambiar según el tono de nuestra voz, la expresión facial y el ritmo de nuestro habla. Todo lo que hacemos comunica un mensaje.

Ya sea que seamos conscientes de ello o no, nuestra pareja está recibiendo señales de la forma en que nos llevamos a nosotros mismos a su alrededor. Si hablas con ellos pero mantienes los ojos fijos en el teléfono, esto les dice que no estás realmente interesado en la conversación. Si tus palabras les piden que se abran, pero tu cuerpo está orientado hacia la televisión, esto hace que tus palabras parezcan poco sinceras. Si usted está tratando activamente de ser un mejor comunicador, debe asegurarse de que todo lo que está haciendo coincide con el mensaje que está tratando de enviar.

En este capítulo, nos enfocaremos en las muchas maneras en que podemos mostrarle amor a nuestra pareja. Aconsejo abrazar tantas expresiones de amor como sea posible. Y usted puede sorprenderse de lo que su pareja responde de manera más positiva.

Todo lo que necesitas saber sobre Love Languages

¿Se siente a veces como si usted y su pareja estuvieran hablando idiomas completamente diferentes? Puede que lo estés. Desde que el renombrado consejero matrimonial, el Dr. Gary Chapman, identificó los cinco idiomas principales del amor, cambió el juego para millones de relaciones. Desmitificó la dinámica de las relaciones, la comunicación y, en general, alimentó una mayor comprensión entre las parejas.

Cada persona da y recibe amor de una manera diferente. La manera en que lo hacemos determina las acciones que encontramos amorosas y las acciones que usamos para expresar nuestro amor por otra persona. La manera en que comunicamos naturalmente el amor se llama nuestro lenguaje del amor. Es común tener más de uno, pero rara vez tenemos más de dos idiomas dominantes en el amor.

Dos parejas que no saben que tienen diferentes lenguajes de amor pueden sentirse totalmente confundidas la una con la otra. Incluso pueden sentirse no amados y no apreciados, inseguros de por qué sus intentos de mostrar amor han pasado desapercibidos. Para crear un intercambio suave de amor y aprecio, es absolutamente vital que las parejas entiendan el lenguaje amoroso de su pareja.

Afirmación verbal

Uno de los lenguajes más comunes del amor es la afirmación verbal. Esto significa que usamos nuestras palabras para expresar amor y aprecio. Las personas con este lenguaje del amor se sienten más amadas cuando alguien verbaliza sus sentimientos, les hace cumplidos y les da mucho ánimo verbal. Aquí hay algunos ejemplos de afirmación verbal:

- Si su pareja está lista y tratando de lucir bien, diga: "Vaya, te ves fantástica. Eres irresistible con este vestido".
- Si es una noche acogedora y su pareja elige una gran película para ver, diga: "Siempre sabes cuál es la película correcta para elegir. Tienes un gran gusto."
- Si su pareja hace algo considerado, diga: "Esto es tan maravilloso de tu parte. Gracias. Realmente aprecio que te hayas tomado todo este trabajo por mí."

Si este es el lenguaje del amor de su pareja, preste atención a lo que dicen con palabras. No hagas caso omiso de las cosas amables y amables que dicen, ya que así es como expresan su amor por ti. Responda a estos comentarios amorosos con apreciación verbal.

Tiempo de calidad

Otra forma en que comunicamos el amor es dándole a nuestros seres queridos toda nuestra atención. Aquellos con este lenguaje primario del amor necesitan sentir un sentido de unión e intimidad. Se sienten más queridos cuando sus parejas se toman un tiempo especialmente para ellos y les dan su enfoque completo. No se trata sólo de sentarse juntos y ver un programa de Netflix, se trata de crear lazos afectivos. La vulnerabilidad es una gran ventaja para las personas con este lenguaje del amor. Sus acciones deben enviar el mensaje: "Esta vez es sólo para ti y para mí. Ahora mismo, no quiero nada más que sentirme cerca de ti."

Para comunicar amor a través de tiempo de calidad, todo lo que necesitas hacer es programar un bloque de tiempo donde puedas dedicar toda tu atención a tu pareja, y nada o nadie más. Esto podría ser un día en el parque de diversiones, una noche de citas especiales o una escapada a un lugar romántico. Incluso podría ser tan simple como quedarse y compartir sus días con los demás sobre su vino favorito. Hagas lo que hagas, presta atención y escucha atentamente.

Tacto Físico

Si eres una persona muy afectuosa físicamente, es posible que prefieras dar y recibir amor a través del contacto físico. Mucho se puede expresar en la forma en que tocamos a alguien. Y como humanos, estamos conectados para responder positivamente a ella. Si el lenguaje amoroso de su pareja es el tacto físico, acostúmbrese a hacer contacto físico amoroso. Para que su pareja se sienta amada, asegúrese de tomarse de las manos, abrazarse, besarse, abrazarse y acariciarse con el hocico. Las personas con este lenguaje amoroso también pueden disfrutar más de las relaciones sexuales que otras personas, pero no siempre es así.

La mejor parte de este lenguaje del amor es que el contacto físico es tan fácil. No se necesita mucha creatividad o pensamiento para comunicarse a través del tacto. Cuando estés de paso por la habitación en la que se encuentran, dales un beso en la mejilla o frótales el brazo suavemente. Cuando los saludes o te despidas, dales un cálido abrazo.

Actos de Servicio

Si las acciones significan todo para ti, es posible que recibas y des amor a través de actos de servicio. Cuando este es su lenguaje del amor, usted se siente más amado cuando su pareja hace algo que usted quiere que ellos hagan. No se trata en absoluto de ser esclavo de todos los caprichos de tu pareja, se trata de ser considerado y hacer algo que no te pidieron que hicieras. Si este es el lenguaje del amor de tu pareja, deberías tomarte un tiempo para pensar realmente en lo que más aprecian. Haga que algún aspecto de su día sea más fácil para ellos. Por ejemplo, usted podría cocinarle a su pareja una comida que ellos disfruten o arreglar una de sus pertenencias rotas. Incluso podría ser tan simple como enchufar su teléfono si ves que la batería está baja. Realice acciones que cuiden activamente de su pareja.

Donación de regalos

Si tu lenguaje amoroso es regalar, esto no significa que seas una persona materialista. Un regalo es sólo una prueba física de que has estado pensando en alguien. No tiene por qué ser elegante o costoso. De hecho, no necesita costar nada en absoluto. Se trata de poner tus pensamientos e intenciones amorosas en asegurar un objeto físico. No se trata del regalo en sí, sino del pensamiento que hay detrás de él. Acostúmbrate a dar regalos si este es el lenguaje del amor de tu pareja. Si les encanta el chocolate, consiga una caja o una barra de camino a casa desde el trabajo. Si sus flores favoritas están en flor, recoja sólo uno o un ramo entero. Y asegúrese de tratar las fiestas de regalos con seriedad!

Comunicación en pareja

Cómo utilizar la comunicación no verbal en su beneficio

Como establecimos anteriormente en el capítulo, su pareja está prestando atención a todo lo que usted está diciendo, incluso a las cosas que usted no está diciendo con palabras. Para obtener el mejor resultado de una conversación, o para calmarlos cuando se sientan tiernos, siga estas técnicas no verbales simples pero efectivas:

- **Toque a su pareja de una manera que le brinde apoyo**

No subestimes el poder del tacto. Poner un brazo alrededor de su pareja o tomarle la mano mientras hablan puede hacer que se sientan mucho más cómodos. Una táctica común que usan las parejas cuando tratan de llegar a un acuerdo es abrazarse o abrazarse de alguna manera, mientras hablan. El afecto y el tacto pueden hacer que las personas sean mucho más propensas a cooperar entre sí. Tenga en cuenta, sin embargo, que no debe tocar a su pareja si está muy enojada con usted - esto puede parecer inapropiado y empeorar la situación.

- **Mantenga su expresión facial neutra o simpática**

Cuando esté escuchando a su pareja hablar, asegúrese de que su expresión facial no la disuada de hablar. Si está de buen humor, manténgalo comprensivo, y si no está de buen humor, manténgalo neutral. Incluso si estamos molestos con nuestras parejas, es importante que sientan que pueden hablar sin ser juzgados. Puede que no estemos diciendo palabras duras, pero nuestras expresiones faciales aún pueden comunicar un mensaje perturbador.

Considere este escenario como un ejemplo: usted está sentado con su pareja, explicándole cómo se siente muy ignorado cuando están constantemente en el teléfono durante sus noches de citas. ¿Cómo te sentirías si tu pareja empezara a mirarte con las cejas levantadas? ¿Y si empiezan a fruncir el ceño? ¿Y si pareciera que estaban a punto de reírse? Lo más probable es que no quieras seguir compartiendo. Y hay incluso una alta probabilidad de que empieces a dudar de compartir en el futuro. ¿Ves? Incluso cuando no estamos hablando, estamos enviando un mensaje. Suavice sus características para una mejor respuesta.

- **Gire su cuerpo hacia su pareja**

Cuando esté hablando con su pareja, especialmente sobre algo serio, no los" mire simplemente de reojo. Asegúrese de que todo su cuerpo esté inclinado hacia ellos. Cuando nuestros cuerpos se alejan de la persona con la que estamos hablando, enviamos el mensaje de que no estamos realmente interesados en la conversación en cuestión. Demostramos que no estamos realmente invertidos. Si su pareja está molesta o usted siente que necesita un poco de TLC, use su cuerpo para enfrentarlos directamente.

- **Ajuste el tono y el sonido de su voz**

No siempre se trata de lo que dices, sino también de cómo lo dices. Considere, en el momento, lo que su pareja más necesita de usted. ¿Necesitan simplemente escuchar y sentir empatía? Si es así, hable con una voz más suave, más suave. ¿Necesitan tranquilidad? Si es así, hable con una voz firme y segura para que se sientan seguros. Para calmar a tu pareja, habla despacio, ya que una voz rápida puede parecer desdeñosa.

Maneras menos conocidas pero poderosas de mostrarle amor a su pareja

Mostrar nuestro otro amor significativo en una o dos formas no es suficiente. ¿Por qué detenerse ahí? Siempre que tenga la oportunidad, aproveche la oportunidad para bañarlos en calidez y positividad. Esto no se limita a los métodos que he enumerado hasta ahora. Las maneras en que podemos participar en un comportamiento amoroso son infinitas.

1. **Declare públicamente lo orgulloso que está de ellos**

No importa a quién se lo digas; cuando llegue el momento adecuado, ¿por qué no compartes con orgullo uno de los logros de tu pareja? No tiene que ser un gran logro, puede ser cualquier cosa en la que hayan trabajado duro. Reconozca los esfuerzos de su pareja y comparta sus logros con un tercero. A todo el mundo se le enseña a ser humilde y a no presumir nunca de sus éxitos, pero a veces, en secreto, queremos que la gente sepa que hemos tenido éxito en algo. Sea el primero en compartir algo increíble que su pareja hizo. Los hará sentir muy queridos, apoyados y probablemente se sentirán animados a seguir progresando. Esta táctica puede hacer que se ruboricen al principio, pero una vez que la timidez desaparezca, se sentirán muy conmovidos.

2. Defiende a tu pareja

Si algo injusto le sucede a su pareja, no tenga miedo de hablar. Esto no significa que debas empezar una pelea o decir algo desagradable, simplemente significa que debes vocalizar tu apoyo durante una situación difícil. Use su sentido común para determinar la manera correcta de hacer esto. Si estás en una conversación con mucha gente y alguien menosprecia a tu pareja, contrarresta la situación actuando como su animadora.

Considere este ejemplo: Adam y Vanessa han salido con un grupo de amigos. Alguien empieza a burlarse de Vanessa porque mencionó que estaba escribiendo una novela. La persona grosera comenta que todos los demás están trabajando en un trabajo corporativo bien pagado mientras Vanessa está en casa escribiendo historias. Adam no necesita empezar una pelea para defenderla. Todo lo que dice es: "Escribir una novela requiere mucha paciencia y determinación. Vanessa ha estado trabajando muy duro y creo que es maravilloso que esté persiguiendo su pasión en lugar de obsesionarse con el dinero". No se requiere negatividad!

3. Hacer un esfuerzo para crear un vínculo con las personas cercanas a ellos

Comunicación en pareja

Es cierto lo que dicen; cuando empiezas a salir con alguien, también sales con sus amigos y familiares cercanos. Te guste o no, esta gente está aquí para quedarse. Y si usted no hace el esfuerzo de dejar una impresión positiva, sus opiniones podrían tener una influencia en el curso de su relación. Cuando usted llega a conocer las conexiones cercanas de su pareja, usted envía el mensaje de que realmente quiere ser parte de la vida de su ser querido. Demostras que eres serio, y muestras amor genuino. Por qué? Porque estás en una búsqueda totalmente desinteresada. Después de todo, los amigos y familiares de su pareja no satisfacen ninguna de sus necesidades y deseos. No cedas a la idea de que no son importantes porque no son tu pareja. La forma en que los tratas dice mucho sobre cómo ves tu relación.

4. Pregúntele a su pareja qué es lo que disfrutan en el dormitorio

Hay una idea malsana de que todos deberíamos *saber* lo que quieren nuestras parejas, sin preguntarles. Mucha gente tiene la impresión equivocada de que si no podemos resolverlo nosotros mismos, no somos buenos en la cama. Es una idea ridícula. No somos lectores de mentes y cada persona tiene diferentes preferencias. Muchas personas no son comunicativas sobre lo que les gusta porque no quieren parecer exigentes, así que ¿por qué no preguntar? ¿Cómo podemos hacerlo bien si nunca lo sabemos?

Incluso si usted ya sabe lo que le gusta a su pareja, no hay nada malo en hacer el check-in. Pregúnteles si hay algo que haya hecho recientemente que les haya gustado, y pregúnteles si hay algo que usted pueda hacer mejor. Aprender a comunicarnos abiertamente sobre el sexo es una de las mejores cosas que podemos hacer en nuestras relaciones. También muestra a nuestra pareja lo dedicados que estamos a hacerlos felices y a satisfacer sus necesidades. Incluso si no siempre lo hacemos bien, puede marcar la diferencia al saber que lo estamos intentando.

Comunicación en pareja

5. Obtenga más información sobre un tema que les interese

Si tu pareja es una gran fanática de la ciencia ficción, trata de ver su programa o película favorita. Si le encanta hablar de política pero no lo entiendes, pídele que te explique.. ¡Abre y expande tus horizontes! Demuéstrele a su pareja que usted está realmente interesado en lo que les importa. Nunca se sabe, incluso puede que descubras que también te interesa. Siempre debemos tratar de crear oportunidades para crear lazos de unión con nuestra pareja. Al involucrarnos con lo que les interesa, creamos momentos más íntimos. Esta es una manera segura de fortalecer su conexión.

6. Cuídalos cuando estén enfermos.

Es bastante común que las mujeres asuman un papel de crianza cuando sus parejas están enfermas, pero desafortunadamente es menos común ver que sucede.. Una de las cosas más amorosas que podemos hacer por nuestras parejas es cuidarlas cuando están más débiles. Esto incluye todo tipo de dolencias físicas y mentales, incluyendo enfermedad, depresión o incluso dolor. Esto no significa que tengamos que esperarles de pies y manos; sólo significa ofrecerles algo de fuerza cuando más la necesitan. Este gesto de amor le dice a nuestra pareja que nos preocupamos por ellos, incluso cuando están demasiado débiles para ofrecernos algo a cambio.

7. Tómese su tiempo para revivir su historia de amor

Cada pareja tiene una historia de amor única. Abarca todas las cosas maravillosas y emocionantes de un nuevo romance: cómo se conocieron, qué fue lo primero que pensaron el uno del otro, cuándo supieron que querían estar con ellos, y mucho más. Una gran manera de continuar reavivando el amor y la pasión es reviviendo activamente tu historia de amor con tu pareja. ¿Por qué no volver a visitar el lugar donde tuviste tu primera cita? ¿O el lugar donde tuviste tu primer beso? ¿O qué tal si nos contamos los diferentes lados de la historia? ¿Cuándo supieron que era amor? Cuando una pareja hace esto, están dando un paso atrás para recordar por qué están juntos. Se desconectan de sus problemas actuales y se esfuerzan por no perder de vista la magia. Todos tenemos una historia de amor; tómese el tiempo para recordar la suya.

8. Hacer planes para el futuro

De acuerdo, cálmate, esto no significa que tengas que empezar a planear tu boda o a nombrar a tus futuros hijos. Sólo significa que necesitas pintar un futuro con tu pareja en él. No se trata de comprometerse para siempre, se trata de llegar a metas compartidas y crear sueños compartidos. Identificar algo que ambos puedan lograr juntos. Esto crea un ambiente más esperanzador y de colaboración en la relación. De este modo, demostramos a nuestra pareja que ellos también son parte del sueño y parte de la meta. Es el tipo positivo de profecía autocumplida, donde subconscientemente hacemos lo mejor que podemos para prosperar junto a nuestra pareja porque tenemos una meta que alcanzar.

Capítulo Cinco - Descodificación de su pareja

En los primeros días de un romance, conocer a la persona que te atrae locamente es una búsqueda emocionante. Todo en ellos es fascinante y casi fascinante. Cada nueva rareza que descubres es adorable, incluso las objetivamente molestas. Sus cualidades únicas te atraen y estás convencido de que no hay nadie como ellos en el mundo. Tus sentimientos están ardiendo de la mejor manera posible. No puedes esperar a desenmarañar completamente a tu pareja y conocerla profundamente de todas las maneras posibles.

Una vez que las cosas se ponen serias, es probable que su actitud cambie. Esto no es algo malo. De hecho, es extremadamente normal, como he demostrado en el primer capítulo. Aunque todavía amas a tu pareja y sus peculiaridades únicas, también has descubierto las otras dimensiones de su personalidad, los lados que no eran aparentes en los primeros días. Toda persona tiene un lado oscuro. Todos tenemos conflictos internos, nuestras propias necesidades particulares, e incluso cuando todos nuestros secretos están al descubierto, hay días malos en los que de repente tocamos con una melodía completamente diferente. Como dije, esto es completamente normal. Esta es la naturaleza humana. Esto sucederá en cada relación que usted encuentre y para ser un buen compañero, usted necesita aprender a rodar con él.

Su pareja puede sentirse a veces como un misterio, pero él o ella es mucho más simple de lo que usted piensa. Todo se reduce a las necesidades básicas que todos compartimos, y algunas necesidades únicas que son enteramente suyas. Con el tiempo aprenderás sobre ellos y gradualmente perfeccionarás cómo cuidarlos. El proceso de decodificación de su pareja requiere conciencia, comprensión y amabilidad, pero es una de las mejores cosas que usted puede hacer por su relación. De eso se trata el amor.

Comunicación en pareja

Comprender las necesidades particulares de su pareja

Con cada uno de tus parejas, vas a tener que tomar la temperatura de sus diversas necesidades. El problema es que'necesidades' es un término tan vago, y puede que no estés seguro por dónde empezar. Si desea hacer feliz a su pareja, considere estos diferentes tipos de necesidades y asegúrese de entender las preferencias de su pareja. Esto puede requerir una observación intencional, pero también debe sentirse libre de discutir abiertamente estos temas con su pareja. De esta manera, no hay ninguna confusión.

- **Su deseo sexual y sus necesidades sexuales**

Es cierto que nuestros impulsos sexuales pueden fluctuar, pero algunas personas tienen un deseo sexual mucho mayor que otras, en todo momento. Y también hay otras personas que no lo desean tanto. Evalúe las necesidades de su pareja o pregúntele directamente a su pareja qué tan alto calificaría su deseo sexual. Usted puede encontrar que tienen un deseo sexual similar al suyo, pero también puede encontrar que tiene necesidades diferentes. Esto significa que más adelante tendrá que encontrar un compromiso para que ninguna de las partes se sienta insatisfecha. También tendrá que descubrir lo que disfrutan específicamente en el dormitorio. Tenga en cuenta que cada persona es diferente e incluso puede ser beneficioso preguntarle directamente a su pareja qué es lo que le gusta.

- **La forma en que se estresan y se relajan**

Ciertamente hay hilos en común, pero en su mayor parte, todos tenemos diferentes maneras de desestresar y desenrollar. Para algunas personas, esto puede significar paz y tranquilidad totales, comer alimentos saludables y dar un paseo por el parque. En el extremo opuesto, a algunas personas les gusta ver la televisión a todo volumen, jugar a videojuegos y no quieren más que comerse una pizza grasienta. Incluso encontrarás que a algunas personas les gusta ser sociables cuando se relajan, y a otras les gusta estar completamente solas.

Siempre es mejor averiguar cuáles son las necesidades de su pareja después de un largo día. Una vez que lo sepa, puede ayudar a crear el ambiente adecuado para ellos cuando sepa que son los que más lo necesitan. También es perfectamente normal que las personas tengan algunas formas en las que les gusta el estrés, pero es probable que note un patrón. Si usted y su pareja tienen maneras conflictivas de desanimarse, asegúrese de encontrar una manera de llegar a un acuerdo.

- **Su idea de aventura**

La aventura no siempre significa paracaidismo o montañas rusas; nuestra necesidad de aventura surge cuando tenemos energía y estamos de humor para hacer algo divertido. Tal vez incluso algo diferente de nuestra rutina habitual. Estamos listos para gastar energía , en lugar de tratar de preservarla. Una idea común de la aventura en los días modernos es salir por una noche a la ciudad, bailar y tomar unos deliciosos cócteles. Pero algunas personas, incluso en sus mejores días, no quieren hacer esto en absoluto. A algunas personas les gusta estar adentro y participar en actividades privadas. Tal vez, quieren cocinar u hornear, o hacer un video de ejercicios caseros. Cuando se trata de aventura, es mucho más probable que tengamos muchas ideas de diversión. En este caso, es mejor anotar cuál es la cosa favorita de su pareja, y descartar lo que definitivamente *no* consideran divertido. Es importante que cualquier cosa que les guste hacer, usted aprenda a disfrutarlo también o simplemente acepte que ellos disfrutan haciéndolo.

- **Sus necesidades de estimulación mental e intelectual**

En pocas palabras, lo que encontramos mental e intelectualmente estimulante es lo que encontramos interesante. Abarca todos los temas por los que disfrutamos sintiéndonos desafiados y explorando. Esta es una de las necesidades más fáciles de descubrir, ya que la gente es más franca acerca de lo que mentalmente los estimula. Sólo tienes que prestar atención.

Algunas personas eligen no clasificar esto como una necesidad, pero yo no estoy de acuerdo. Cuando nos privan de lo que nos interesa, nuestra personalidad se marchita y nos sentimos deslucidos, quizás hasta deprimidos. Aquellos que dejan de dedicarse a temas que les gustan pueden incluso quejarse de sentirse menos como ellos mismos. Es importante, una vez que identificamos estas necesidades de estimulación en nuestra pareja, que siempre escuchemos y participemos activamente tanto como podamos. ¿Cuáles son los temas que le dan alegría a su pareja? ¿Cuándo ves que sus ojos cobran vida? Sean cuales sean estos temas, siempre debemos permitir que nuestras parejas nos incluyan en la conversación más amplia. Así es como podemos ayudar a satisfacer sus necesidades de expansión personal.

El apoyo emocional que necesita

Inevitablemente, llegará el momento en que su pareja necesite apoyo emocional. Aunque sus necesidades variarán con cada circunstancia, notará que hay patrones en lo que ellos encuentran reconfortante en momentos de dificultades emocionales. Para algunas personas, es importante llorar, en cuyo caso debe asegurarse de ser un hombro comprensivo sobre el que llorar. Algunas personas se vuelven más hambrientas y tienen más antojos durante los momentos de estrés emocional, en cuyo caso, usted debe tratar de darles cualquier alimento que encuentren nutritivo. Incluso hay personas que necesitan estar completamente solas para sentirse apoyadas. Es posible que sólo quieran escapar a la naturaleza por sí mismos y necesitarán que usted lo entienda. Siempre que su pareja esté pasando por un momento de dolor, trate de aprender qué es lo que alivia el dolor. Durante estos períodos, también puede ser una buena idea recurrir a los cinco idiomas del amor.

- **Sus necesidades espirituales o religiosas**

Si su pareja no se adhiere a ninguna práctica espiritual o religiosa específica, entonces no hay necesidad de preocuparse por esta sección. Sin embargo, la mayoría de las veces nos encontramos con personas que tienen una pizca de espiritualidad en sus vidas. La espiritualidad y la religión es un asunto muy personal, y es muy importante que respetemos las elecciones y creencias de nuestra pareja. Aunque nos parezca una tontería, trae paz a nuestra pareja y eso es lo único que importa. Sepa cuáles son las prácticas espirituales de su pareja, cuándo deben hacerlo y si hay otros requisitos que deben cumplir, como las restricciones dietéticas. Nunca debemos discutir con sus necesidades espirituales y nunca debemos burlarnos de ellos.

- **Sus inseguridades y necesidades de tranquilidad**

Nunca vas a encontrar una pareja sin inseguridades. Así son las cosas. Todos somos humanos y todos tenemos miedos formados por nuestros antecedentes o personalidades. Es absolutamente vital que usted entienda cuáles son las inseguridades de su pareja. Y lo más importante, usted debe saber cómo evitar que esas inseguridades salgan a la superficie, y lo que necesitan de usted cuando surjan. Por ejemplo, digamos que su pareja se siente insegura con respecto a su peso. Esta inseguridad puede desencadenarse cuando se encuentran con alguien muy delgado y atractivo. Estas situaciones son inevitables, por lo que es mejor elaborar un plan de acción para cuando ocurra. Tal vez, más adelante, deberías tratar de decirle a tu pareja lo sexy que son, y enfocar toda tu energía en hacerlos sentir atractivos. O tal vez, su pareja preferiría simplemente olvidarlo y hacer algo que le quite la mente de su cuerpo por completo. Estas necesidades diferirán de persona a persona.

Comunicación en pareja

5 Cosas Absolutamente Esenciales que Hacer Cuando Su Pareja Ha Experimentado un Trauma

Cuando finalmente conoces a la persona con la que quieres estar, lo más probable es que hayan visto mucho antes de que aparecieras tú. A veces incluso, un poco demasiado. Si su pareja ha sido tocada por un trauma en sus encuentros románticos o sexuales, usted tendrá que ser más amable con ellos. Esto no es negociable. Si no ajustamos nuestro comportamiento, nunca haremos felices a nuestras parejas, y es posible que terminemos causando más daño.

Hay muchos tipos de trauma que pueden dejar una cicatriz dolorosa y emocional, desde el engaño hasta el abuso emocional, y en algunos casos, más tipos de abuso físico. Las tácticas de comunicación siempre deben suavizarse durante escenarios específicos para asegurar que no los desencadene o haga que se retiren. Siempre tenga en mente los siguientes consejos si su pareja ha sufrido un trauma:

1. Aprender sobre el trauma de una manera no intrusiva

Antes de saber qué hacer, debemos saber a qué nos enfrentamos. El primer paso es tratar de aprender sobre el incidente traumático. Dependiendo de la gravedad del trauma, puede no ser tan simple como preguntarle a nuestra pareja qué pasó. Si es demasiado doloroso contarlo o simplemente no están listos para decírnoslo, sólo hay dos cosas que podemos hacer: esperar a que se sientan listos, o preguntarle a alguien cercano. Una buena primera acción es decirle a tu pareja: "No tienes que decirme nada que no quieras, pero siempre estoy aquí si quieres compartir. Sólo quiero saber cómo puedo apoyarte de la mejor manera posible". Hágales saber que usted se preocupa por su pasado, que está dispuesto a escuchar, pero que usted no los presionará para que hagan algo que no quieran hacer. Es importante que nunca los fuerces o los hagas sentir culpables en esta situación.

2. Considere los tipos de comportamiento que pueden desencadenar sus recuerdos traumáticos

Esta etapa requiere tu pensamiento profundo. Piense en las cualidades y el comportamiento que los hirió durante este incidente traumático. A veces es sencillo, como la violencia física, pero no todo el tiempo. Si su pareja fue engañada, puede sentirse desencadenada por algo tan leve como que usted hable con miembros del sexo opuesto. Pueden ponerse ansiosos las noches que sales a beber con tus amigos. Si hay momentos en los que usted deja de comunicarse, esto podría ser especialmente difícil para ellos, ya que podrían sospechar que usted está guardando un secreto. Identificar el comportamiento involucrado en el incidente traumático, pero también lo que puede haber conducido a él.

3. Decidir sobre formas alternativas o modificadas de comportamiento

No siempre es realista eliminar cada uno de los comportamientos que podrían desencadenar a nuestra pareja. Aunque es fácil (y absolutamente necesario) no abusar de alguien, no es fácil ni realista dejar de hablar con miembros del sexo opuesto. Entonces, ¿qué podemos hacer en su lugar? Es simple: debemos modificar la forma en que nos involucramos en este comportamiento. Por ejemplo, si estás enviando mensajes de texto a un miembro del sexo opuesto, podrías considerar dejar que tu pareja vea los mensajes para que pueda aliviar sus preocupaciones. Si se ponen ansiosos cuando sales a beber con tus amigos, considera la posibilidad de hacer un check-in por teléfono cada dos horas. O envíales una foto tuya en tu ubicación actual. Sea creativo sobre cómo puede modificar su comportamiento sin eliminar las acciones completamente normales. Y siempre debes sentirte libre de preguntarle a tu pareja, "¿Qué puedo hacer para que te sientas mejor en esta situación?"

4. Comprender lo que necesitan si se desencadenan

Esperemos que esto nunca suceda, pero si el trauma de su pareja está relacionado con eventos comunes, puede ser inevitable. Cuando esto sucede, usted debe estar completamente calmado y gentil con su pareja. Si usted está enojado con ellos por alguna razón, debe poner esto en espera hasta que dejen de sentirse abrumados. De lo contrario, esto no hará más que agravar la situación.

La forma en que se manifiesta esta situación variará con cada persona, pero la respuesta más común es llorar o ponerse en modo de defensa personal, como si el trauma se repitiera y tuvieran que protegerse a sí mismos. Lo mejor que se puede hacer es ofrecer tranquilidad y adoptar un tono de voz calmante. Si su pareja fue víctima de la violencia, juegue con cuidado y no la toque hasta que esté lista. Entienda que a veces nuestras parejas pueden no tener signos obvios de ser desencadenados. En lugar de eso, es posible que se queden callados y deprimidos. Es importante estar atento a las respuestas menos notorias si sabe que han sido expuestas a un posible desencadenante.

Lo que cada persona necesita depende en gran medida de la persona y del trauma que haya experimentado. Una buena regla empírica es quitar el gatillo lo antes posible y hacer lo contrario de lo que lo inició.

5. Sepa lo que puede hacer para ayudarlos a seguir adelante

Si el trauma es severo y muy rara vez aparece, entonces es mejor ignorar esta etapa por completo. Sin embargo, si el trauma interfiere con su relación o impide que su pareja avance en su vida, piense en maneras de ayudarlos a hacer las paces con lo que pasó. Esto podría significar buscar ayuda profesional o encontrar soluciones paso a paso entre ustedes. Es importante que estas soluciones no sean sólo su responsabilidad; estos pasos también deben desafiar a su pareja a crear patrones de respuesta más saludables.

Volvamos al ejemplo de la pareja celosa. No es realista esperar que alguien te llame cada dos horas cada vez que salen a beber. Idealmente, la pareja celosa debe dejar este comportamiento una vez que la relación comience a ser más duradera. Para comenzar esta transición positiva, podrían hacer llamadas menos frecuentes cada noche, o podrían decidir enviar mensajes de texto cada hora. La pareja celosa debe pensar en las medidas que puede tomar para evitar sentirse deprimida o deprimida durante estos incidentes. Tal vez, también podrían salir con amigos o canalizar su energía en una sesión de ejercicio intenso. Cree un nuevo hábito positivo que sustituya a las respuestas poco saludables. De esta manera, todos ganan.

Capítulo seis - Todo es sobre ti

A menudo se nos dice que debemos encontrar un ser querido que nos ame tal como somos. Esto es cierto, hasta cierto punto. Todos debemos esperar que nuestras parejas nos amen y acepten por lo que nos gusta, lo que no nos gusta y por nuestros atributos positivos sin tratar de cambiarlos. Incluso deberían amarnos por nuestras rarezas, defectos e idiosincrasias. Deberían amar lo que nos hace diferentes. Pero nunca se debe esperar que ninguna pareja tolere un comportamiento negativo o destructivo que los afecte profundamente. Tu actitud arrogante, tus tendencias manipuladoras, tu pereza persistente; nada de esto es responsabilidad de tu pareja y si les hace daño, serías cruel si les pidieras que lo aceptaran. Pedir a nuestras parejas que se ocupen de lo que les molesta y les hace daño conducirá inevitablemente al desprecio. Y el desprecio es una de las pocas cosas de las que una relación no puede curarse.

La mayoría de las relaciones fracasan porque uno o ambos miembros de la pareja se niegan a hacer su propio trabajo. Te insisto que ahora a que no seas la pareja que no hace el auto-trabajo. No seas el que no hace el esfuerzo. Puede que te sientas indignado ahora, pero si la relación termina y sabes que no lo intentaste con todas tus fuerzas, te vas a quedar ahogado en el arrepentimiento. Trabajar en ti, antes de que sea demasiado tarde.

Y recuerda, esto no termina aquí. El comportamiento que lastima a su pareja ahora probablemente perjudicará a todas sus futuras parejas. Mientras quieras estar en una relación feliz y saludable, seguirás necesitando una autotransformación positiva.

Cómo convertirse instantáneamente en una mejor pareja

Si usted quiere hacer lo correcto por su pareja, implemente estos hábitos fáciles en su dinámica. Cree estas nuevas normas de comunicación y al instante comenzará a ver mejores resultados en su relación.

1. Solicite lo que necesite

Deja de esperar que tu pareja te lea la mente. Tienen su propia vida, con sus propias necesidades, y no puedes esperar que se queden sentados tratando de adivinar cómo te sientes. Pedir lo que necesitas no te hace necesitado, sino que te hace consciente de ti mismo y maduro emocionalmente. Demuestra que valoras tu relación porque te tomas en serio la creación de mejores condiciones. En lugar de esperar que su pareja salte por el aro, usted está siendo sincero sobre cómo ayudar. Esto hace que sea más fácil para ellos. Esto les da una oportunidad real de ajustar su comportamiento.

Cuando usted pide lo que necesita, es mucho más probable que *obtenga* lo que necesita. Para obtener el mejor resultado de su discusión, recuerde usar las frases "Yo siento".

2. Plantee un problema antes de que empeore

Hay muchas razones por las que evitamos sacar a relucir los problemas. A veces es porque nos sentimos incómodos con la confrontación, tememos la respuesta de la otra persona, o quizás, simplemente no queremos admitir que hay un problema. Lo que suele suceder es que el problema continúa y empeora. Cuando evitamos sacar a relucir nuestros problemas, nos arriesgamos a dos cosas.

- Explotando a nuestro compañero cuando ya no lo soportamos más. Cuando nos permitimos alcanzar nuestro punto de ruptura, es más probable que digamos algo duro que no queremos decir. Esto puede alterar a nuestra pareja e incluso puede causar un daño duradero a la relación.

- Desarrollando desprecio por nuestro compañero. Si no le damos a nuestra pareja la oportunidad de mejorarlo, no mejorará. Esto nos frustrará más y más, y eventualmente nos llevará al resentimiento. Usted puede encontrar su mente llena de preguntas como: "¿Cómo es que no se da cuenta? ¿Por qué no es más consciente de lo que esto me está haciendo?" Esto puede dar lugar a sentimientos de no sentir cariño y enojo hacia su pareja por haberle hecho pasar por esto. Noticia de última hora: ¡*te* estás poniendo en esta situación si no le dices a tu pareja lo que está mal!

3. Preste atención a la sincronización

Siempre considere el momento oportuno de lo que hace y dígale a su pareja. Esto hace una gran diferencia en la respuesta que recibes de ellos. Si usted está tratando de tener una conversación seria con ellos, no lo haga cuando estén exhaustos del trabajo o si han tenido un mal día. Esto podría provocar una discusión, ya que no están en sus cabales. Siempre use el tiempo a su favor. Hable con su pareja a la mañana siguiente de haber dormido bien o en un día en el que parezcan sensatos.

Esta regla se extiende incluso más allá de las conversaciones y discusiones serias. Siempre que vaya a tomar una decisión que afecte tanto a usted como a su pareja, piense en dónde caerá esto dentro de su cronograma y horario. Si hay días del año que son particularmente difíciles para su pareja (por ejemplo, aniversarios de muertes), recuérdelos. Asegúrese de no planear grandes eventos sociales cuando ellos prefieran pasar desapercibidos.

4. Usar un lenguaje gentil y constructivo

Los errores ocurren. Y a veces nuestras paejas no siempre tienen las mejores ideas. Aún así, usted siempre debe hacer el esfuerzo de ser constructivo al proporcionarle a su pareja cualquier retroalimentación. Reconocer lo que hicieron bien, pero también señalar las oportunidades de crecimiento. Si usted siente la necesidad de criticar a su pareja, siempre replantee sus comentarios desde la perspectiva de cómo pueden mejorar. Si les haces sentir que todo lo que hacen está mal, no estás arreglando la situación y sólo los estás despojando de la posibilidad de cooperar contigo. Concéntrese siempre en las soluciones.

5. Siempre escucha, siempre

Este se repite mucho, pero es por una buena razón. La escucha activa en nuestra relación es extremadamente importante. De hecho, está directamente relacionado con la calidad general de la comunicación con nuestra pareja. Y en una pareja infeliz, es muy común que al menos uno de los miembros de la pareja se queje de que no se siente escuchado y que su pareja nunca lo escucha. Al escuchar, nos mantenemos presentes en la conversación. Estamos mostrando respeto a nuestra pareja. Y al escuchar activamente, también estamos disminuyendo la probabilidad de malentendidos. La próxima vez que su pareja hable, evite esperar su turno para responder y absorber realmente todo lo que está diciendo.

6. Mantenga sus expectativas amables y realistas

Todos nos movemos por la vida y progresamos a ritmos diferentes. Esto ya no es cierto para usted y su pareja. Una manera en que usted puede causar una decepción innecesaria para usted y un daño para su pareja es esperando demasiado de ellos. Si parece que siempre estás esperando que tu pareja marque las casillas de tu lista de verificación, da un paso atrás y vuelve a examinar el alcance de lo que estás pidiendo. Si usted se encuentra continuamente decepcionado, considere por qué antes de tomar cualquier otra acción. ¿Estás tratando de cambiar su personalidad? ¿Estás pidiendo un ajuste demasiado grande y demasiado rápido? ¿Son sus demandas insensibles a las circunstancias actuales de su vida? Todas estas son preguntas necesarias que debe hacerse a sí mismo.

Algunos ejemplos concretos de expectativas injustas:

- Esperar que su pareja esté al frente de todas las tareas cuando alguien cercano a ella acaba de fallecer.
- Querer que tu pareja se vuelva atlética porque te atrae más la gente atlética.
- Esperar que su pareja cocine una comida maravillosa y mantenga la casa impecable después de un día estresante en el trabajo.
- Exigir que tu pareja se convierta inmediatamente en un gran jugador en ese movimiento que te gusta en la cama, cuando ya están haciendo su mejor esfuerzo.
- Esperar que su pareja tenga las mismas cualidades positivas que su pareja anterior.

Tenga en cuenta que estas expectativas no se aplican a asuntos de compasión, respeto, seguridad, consideración y amabilidad. Estas no cuentan como altas expectativas, esto es decencia humana básica. No importa por lo que esté pasando su pareja, siempre deben cumplir con estas expectativas básicas.

7. Deja de mencionar el pasado.

Para aclarar, no es sacar a relucir el pasado en sí mismo lo que es perjudicial, es cuando sacamos a relucir el pasado para iniciar una discusión. Si ya has hablado de ello y tu pareja se ha disculpado, no debemos seguir acusándola de sus errores. Si hacemos esto, estamos demostrando que no los hemos perdonado realmente. Mientras sigamos guardando rencor, estamos creando negatividad en la relación. O bien deberías dejar atrás este error y perdonar a tu pareja, o si no puedes perdonarlos, haz lo que sea necesario y termina la relación. Continuar tirando los errores del pasado a la cara de nuestra pareja es un acto cruel, ya que los atrapa en el error. No sólo esto, sino que aumenta la probabilidad de que entremos en conversaciones tortuosas que nunca se resuelven. Dado que estamos tan apegados al problema, nunca podremos avanzar hacia soluciones. Deja de usar el pasado como un arma y trata de seguir adelante, si decides quedarte.

8. Expresar gratitud más a menudo

La ciencia ha demostrado que cuando nos acercamos a la vida con gratitud, nos sentimos instantáneamente más felices. Expresar gratitud en nuestras relaciones no sólo conduce a nuestros propios sentimientos de felicidad, sino que también puede ser transformador y poderoso para nuestras parejas. Al mostrarles nuestra gratitud, les recordamos su enorme valor y destacamos lo que están haciendo bien.

Estar en el lado receptor de la gratitud puede ser increíblemente fortalecedor. Si su pareja está pasando por un momento difícil, se encenderá más la motivación y el progreso, en última instancia, la creación de más satisfacción en el largo plazo. Pero lo más importante es que les muestra que sus esfuerzos no pasan desapercibidos y que usted reconoce todo lo que hacen. Esto los hará sentir más positivos y valorados al instante. La gratitud es, en general, una gran victoria para todos. Exprésalo más a menudo! Te alegrarás de haberlo hecho. Es tan simple como decirle a tu pareja "Te quiero y te aprecio" o resaltar una acción específica que hicieron o hacen y explicar con más detalle por qué estás tan agradecido por ello.

Entendiendo su estilo de apego a la relación

Nuestras formas de apego se forman en la primera infancia y juegan un papel importante en nuestras relaciones. Según los psicoanalistas, el estilo de apego que formamos se reduce a la dinámica que tuvimos con nuestros cuidadores durante la infancia. Este estilo determina nuestros patrones de comportamiento, los tipos de relaciones que es más probable que escojamos y, esencialmente, la forma en que satisfacemos nuestras necesidades.

Ningún estilo de apego es"malo" per se, pero algunos son menos propicios para las relaciones armoniosas y más propensos a exhibir un comportamiento poco saludable. En cualquier caso, siempre es importante que seamos conscientes de nuestro estilo de apego (y el de nuestra pareja también) para que podamos tener una mejor comprensión de nuestros patrones de comportamiento y respuestas.

- **El estilo de los aditamentos ansiosos y preocupados**

Aquellos con este estilo tienden a anhelar el apego emocional y pueden tener una historia de relaciones tumultuosas. Tienden a no gustar de estar solos y son propensos a fantasear con su pareja de ensueño. Desafortunadamente, este estilo de apego encuentra muchos factores estresantes en una relación. Muchos de ellos son autoinfligidos. Durante los momentos de angustia emocional, pueden volverse celosos, posesivos o necesitados. Requieren mucho amor y validación, y pueden reaccionar negativamente si no reciben seguridad o refuerzo positivo.

Se puede decir que estos tipos viven mucho en sus cabezas. A menudo son sus peores enemigos, muy preocupados de que los traicionen. Los que tienen este estilo de apego constituyen alrededor del 20% de la población.

- **El Estilo del Apego Evitador de Despedida**

Muy al contrario del tipo Ansioso, el Evitador-Despedazador es altamente autosuficiente. Este tipo muestra una gran independencia y requiere mucha libertad en sus relaciones. Aunque secretamente deseen una conexión profunda, parecerán cerrados y raramente se involucrarán profundamente en las relaciones. Muchas personas que salen con estos tipos terminan quejándose de que parecen emocionalmente no disponibles y a veces, incluso, indiferentes. Se necesita más trabajo para que muestren vulnerabilidad, y algunos incluso pueden tener fobia al compromiso. Tienden a ver la intimidad como una pérdida de su libertad personal.

Los tipos evasivos están tan acostumbrados a cuidar de sus propias necesidades que pueden llegar a estar plagados de obsesiones como una forma de automedicarse. Esto puede ser abuso de sustancias, o algo menos dañino como el ejercicio o la comida. Aproximadamente el 23% de la población está compuesta por estos tipos.

- **El estilo de apego temeroso y evasivo**

Este tipo vive con muchos conflictos. Una combinación de los dos estilos anteriores, el Fearful-Avoidant exhibe un patrón de comportamiento push-pull. Anhelan profundamente una conexión cercana y, sin embargo, una parte de ellos quiere huir a un lugar seguro. Desafortunadamente, este tipo tiende a hacer ambas cosas. Durante sus peores momentos, pueden aferrarse a su pareja e incluso parecer bastante necesitados. Pero una vez que su pareja se acerca a ellos y los consuela, de repente pueden sentirse sofocados y atrapados. Al igual que los tipos ansiosos, las personalidades temerosas también son propensas a las relaciones turbulentas.

Estos tipos impredecibles no tienen una estrategia fija para satisfacer sus necesidades. Sus patrones de comportamiento son a menudo el resultado de un trauma por abandono o abuso. Este es el estilo de apego más raro, representando sólo el 1% de la población.

- **El Estilo de Fijación Segura**

Como su nombre lo indica, este estilo de apego es el más seguro de los cuatro, y es ampliamente considerado el más sano emocionalmente. Tienen niveles más altos de inteligencia emocional y les resulta más fácil regular sus emociones. Los límites saludables son fáciles de establecer y tienen una perspectiva generalmente positiva sobre las relaciones. Este tipo se siente seguro en una relación, y también lo hacen bien por su cuenta. En general, tienden a estar más satisfechos en las relaciones y les resulta mucho más fácil formar una conexión saludable.

El estilo Secure Attachment se forma cuando la infancia se vive como algo positivo. Los cuidadores fueron percibidos como seguros y protegidos, por lo que continúan proyectando esta experiencia en todas las relaciones futuras. Este es el tipo más común de todos, con un 57% de la población caracterizada como Segura.

La mayoría de la gente no cambia sus estilos de apego, pero es completamente posible hacerlo. Cualquier persona con uno de los estilos menos saludables puede desarrollar cualidades más seguras con un tremendo auto-trabajo. Para que esto suceda, sin embargo, el individuo debe buscar terapia y/o buscar la compañía de alguien con un estilo de apego seguro. Al cultivar la autoconciencia y la voluntad de desarrollar mejores hábitos, cualquiera puede salir de su comportamiento insalubre.

Consejos imprescindibles para iniciar una nueva relación cuando se tiene un historial de malas relaciones

¿Tienes uno de los primeros tres estilos de apego? Si es así, es probable que haya tenido algunas relaciones malas, tal vez hasta relaciones abusivas. Usted puede estar trabajando a través de algún comportamiento negativo o incluso abiertamente destructivo, pero tenga la seguridad de que es posible seguir adelante. Mucha gente lo ha hecho por su cuenta. Y con un compañero cariñoso a su lado, pueden trabajar en ello juntos.

El trauma que sufrimos puede moldear la forma en que nos comunicamos con nuestras parejas y los factores estresantes imaginarios que es más probable que experimentemos. Por esta razón, podemos expresar más miedo, enojo o angustia en situaciones que normalmente no molestarían a alguien. Esto no siempre es justo para nuestras parejas, especialmente porque ellas no son las que nos lastiman, y es importante que no nos volvamos abusivos o que no causemos dolor a nuestras nuevas parejas. Tenga en cuenta los siguientes consejos para mantener su salud emocional y mental, al mismo tiempo que es considerado con su pareja.

Comunicación en pareja

Tenga en cuenta que si su trauma es grave, estos consejos no tienen la intención de sustituir la ayuda de un profesional de salud mental.

1. Haga una lista del comportamiento que ya no tolerará

Para dar vuelta una nueva hoja con éxito, es esencial que identifiquemos lo que deseamos eliminar de nuestras vidas. Si usted ha tenido un historial de experimentar dolor, haga una lista del comportamiento de sus parejas anteriores que le causó dolor significativo. Esta lista es exactamente lo que no deberías tolerar en las relaciones de ahora en adelante. No hay manera de poner excusas para futuras parejas abusivas porque esta lista lo hace simple; o lo hicieron o no lo hicieron. Refiérase a él para recordarse de su contenido y siéntase libre de mostrárselo a sus nuevas parejas una vez que esté saliendo seriamente con ellos.

Tener esta lista también es útil porque durante los momentos de angustia emocional, nuestros sentimientos pueden nublar nuestro juicio. Puede salvarnos de dirigir una ira injustificada o de enfadarnos con compañeros que no hicieron nada malo. Por ejemplo, si usted está teniendo un mal día, puede sentirse más sospechoso o ansioso de lo normal. Si su pareja hace algo, usted puede reaccionar de manera exagerada. Mirando hacia atrás en su lista, verá que su pareja no mostró realmente el comportamiento que usted describió. Esto dejará claro que el sentimiento probablemente viene de adentro, porque usted está teniendo un mal día.

Para que esta lista sea verdaderamente exitosa, debemos escribir estrictamente el comportamiento y no las emociones. Añadir a tu lista que no tolerarás que nadie te cause dolor hace que las cosas sean difíciles; a veces podemos imponernos dolor a nosotros mismos y creer erróneamente que es culpa de nuestras parejas. Y siéntase libre de obtener una opinión externa sobre si el comportamiento anotado es suficiente y razonable.

2. Cuando esté listo, comparta lo que sucedió con su nueva pareja

Para que nuestras parejas nos apoyen de la mejor manera posible, necesitan saber a qué se enfrentan. Sin saber qué pasó y cómo nos afectó, no tendrán ni idea de cómo ayudar. Comparta con ellos lo que pasó, lo que necesita de ellos y lo que está haciendo para ayudarse a seguir adelante.

Si no está listo para decírselo todavía, espere hasta que usted esté listo, pero mientras tanto, no espere que ellos sólo *sepan* cómo ayudar. Si crees que no estarás listo para compartir con ellos en un futuro cercano, no dudes en pedirle a un amigo que se lo cuente a tu nueva pareja. Aunque esta no es la manera ideal de hacerles saber, es mejor que dejarlos en la oscuridad. En general, siempre es mejor que su nueva pareja tenga la mayor cantidad de información posible para que pueda ofrecerle el apoyo exacto que usted necesita.

3. Confíe en su sistema de apoyo siempre que sea necesario

Nuestros amigos y familiares más cercanos son nuestros mejores aliados. Si alguna vez no estás seguro, úsalos como tu caja de resonancia y pídeles una opinión externa. Nuestros sentimientos no siempre son dignos de confianza, ya que los traumas del pasado nos predisponen a sentirnos de cierta manera. Pídale a alguien en quien confíe que pueda darle una opinión neutral. No tomes todas las decisiones importantes por tu cuenta.

Además, también es esencial que la persona en la que usted confía para el consejo sea alguien cuya vida amorosa usted busca emular. No todas las opiniones son iguales. Si una persona en una relación sana te da un consejo, pero diez personas en malas relaciones dicen lo contrario, siempre debes escuchar a la persona que ha vivido el resultado que más deseas. Busca a las personas más neutrales posibles; si luchas con los celos, no pidas consejo a alguien que también luche con los celos.

4. Resistirse a hacer comparaciones con parejas anteriores anteriores

Cuando estamos en una nueva relación, es completamente natural que nuestros cerebros usen relaciones pasadas y parejas como puntos de referencia. Esto es lo que el cerebro hace para tratar de entender una nueva situación. Aunque el instinto es natural, tenga en cuenta que sus análisis no siempre son correctos. Cuando nos encontramos con un nuevo territorio, nuestras experiencias pasadas son un conjunto muy limitado de conocimientos para extrapolar.

Haga el esfuerzo de recordar que su pareja actual no es su pareja anterior. Su cerebro tratará de hacer comparaciones, pero resista cuando pueda. Si la actitud de su nueva pareja es diferente a la que usted experimentó anteriormente, recuérdese que no hay razón para esperar el mismo resultado. Si no hay pruebas reales, no hay razón para creer lo peor. Si tu anterior pareja te engañó con un amigo del sexo opuesto, recuerda que hay muchas personas que no lo hacen. No hay razón para enfadarse o disgustarse de inmediato. Su pareja actual no le hizo daño como su pareja anterior, así que no los castigue por algo que no hicieron.

Es especialmente importante que no hagamos comparaciones con las parejas anteriores. Si nuestra actual pareja no ha hecho nada malo, esto resultará muy insultante. Si siente el impulso de hacer esto en el calor del momento, resista a toda costa.

5. No espere que su pareja arregle todo por usted

Definitivamente debe esperar el apoyo de su pareja durante los momentos de curación. Sin embargo, hay una gran diferencia entre el apoyo y una muleta emocional o psicológica. El apoyo cruza la línea hacia el territorio de las"muletas" cuando dejas de hacer cosas por ti mismo. En lugar de hacer el trabajo personal para transformar su comportamiento y patrones de pensamiento, usted espera que su pareja cambie *su* comportamiento. De repente hay una intensa presión sobre el compañero de "muleta" para que arregle todo y si algo sale mal, automáticamente se convierte en su culpa. Evite esta dinámica a toda costa! Esta es una manera segura de hacer que su pareja se resienta con usted y nadie los culpará - forzar a alguien a ser su muleta es cruel!

Cuando nos involucramos en dinámicas como ésta, inmediatamente nos quedamos estancados. Ya que alguien más nos está cuidando, nunca nos desafían, y esto significa que no creceremos. Recuerde que sentirse incómodo no siempre es malo. Siempre debemos examinar nuestras molestias y ver si es algo en lo que podemos trabajar, antes de pedirle a alguien que cambie. No espere que su pareja satisfaga todas sus necesidades (¡y más!) sin satisfacer ninguna de las suyas a cambio. Una historia de malas relaciones no es una buena excusa para aprovecharse de una nueva pareja.

6. Empiece a hacer del autocuidado una parte esencial de su rutina

Una cosa poderosa que podemos hacer por nosotros mismos es participar en prácticas de autocuidado. Olvídese de la idea de que el autocuidado es sólo para ocasiones especiales e incorpórelo a su rutina diaria o semanal. El autocuidado no tiene por qué costar dinero; sólo significa que te estás permitiendo hacer lo que sea que te haga sentir tranquilo y que te cuide. Sabes que es auto-cuidado cuando te reconectas con quien eres y cuando te sientes en paz. Esto puede significar tomar un baño de burbujas caliente y escuchar su música favorita. O esto puede significar ir a un café relajante, escribir un diario y leer un gran libro o darse un gusto con algunos productos horneados. Si tienes un presupuesto mayor, puedes recibir un masaje y darte un capricho con chocolate. Las posibilidades son infinitas!

Cuando empezamos a hacer del autocuidado parte de nuestra rutina, también reconectamos nuestro cerebro para sentir sus efectos con más frecuencia. No es sólo el baño de burbujas o el masaje lo que se convierte en la nueva norma, la paz y la calma también se convierten en una norma. Esto es esencial cuando nos estamos recuperando de un trauma porque tenemos una gran necesidad de recablear las respuestas y los impulsos. Además de esto, sin embargo, es un símbolo poderoso para el nuevo capítulo que comenzarás. Al hacerse tiempo para concentrarse en usted, usted está prometiendo empezar a pensar en sus necesidades con más frecuencia. Usted está reconociendo su importancia y está diciendo no a las relaciones que le causan dolor. Cuidados personales para la victoria.

Capítulo Siete - La bomba de tiempo que hace tictac

Cuando estamos considerando parejas potenciales, tendemos a poner demasiado peso en la emoción y la pasión. Aunque eso es, sin duda, extremadamente importante, descuidamos lo que realmente hace la carne de una relación. Casi cualquier persona puede traer un momento de diversión a la mesa, pero ¿qué harán durante los tiempos difíciles? ¿Las noches oscuras en las que una discusión gira en círculos? Cuando se levantan las voces y se siente como si tu sangre estuviera hirviendo? La manera en que usted y su pareja se comportan y reaccionan en estas situaciones es lo que más influye en su relación. Su vida sexual y el número de intereses que tienen en común: ninguno de estos factores es una verdadera prueba de su fuerza como equipo. El mayor significado de la fuerza de su relación es cómo pelear y cómo encontrar soluciones a los problemas.

Incluso si son almas gemelas y se divierten todos los días, va a haber días y noches en los que no se soportarán. Aunque nadie es perfecto al principio de una relación, es esencial que aprendamos con el tiempo. Llegará un momento en el que tendremos que manejar una bomba de relojería (una situación muy delicada) y, para evitar que explote, se necesitan los conocimientos y las herramientas necesarias. Espere que surjan desafíos y esté preparado para resolverlos.

Cuándo pulsar el botón de pausa o de parada

La comunicación abierta puede resolver muchos problemas, pero hay momentos en los que hay que dar un paso atrás. Hablar no siempre mejora las cosas, a veces puede causar daño y angustia innecesaria. Si es una discusión importante, entonces presione el botón de pausa y reanude la conversación cuando ambas partes estén más sensatas. Si la conversación no es sobre nada importante, oprima "stop" y deje el tema como si fuera una papa caliente. Estas son las señales que necesita para refrescarse y dejarlo reposar:

- **Las emociones están en su apogeo**

Si hay lágrimas, voces levantadas, y tienes la sensación de que alguien (y esto te incluye a ti) puede explotar, presiona el botón de pausa. Cuando las emociones se vuelven demasiado cargadas e intensas, hay una mayor probabilidad de que alguien se desborde y diga algo hiriente. Incluso puedes tomar una decisión que no puedes retractarte. Para presionar pausa con éxito, diga algo como:

"Siento que ambos nos estamos consumiendo demasiado por nuestras emociones. ¿Por qué no nos calmamos y reanudamos esta conversación más tarde? Quiero resolver este problema y en nuestro estado actual, no creo que podamos".

Una vez que ambas partes hayan tenido la oportunidad de refrescarse, usted regresará más racional y sensato. Un desastre potencial habrá sido evitado y usted se sentirá agradecido por tomar ese descanso.

- **Has tenido esta conversación antes y no terminó bien.**

Para muchas parejas, puede haber discusiones recurrentes que nunca parecen resolverse. Algunos de estos pueden sacar lo peor de ambos miembros de la pareja y terminar en comentarios amargos e hirientes que causan mucho daño. Si encuentra que este callejón sin salida está surgiendo de nuevo, córtelo de raíz mientras pueda. Considere la posibilidad de decir:

"La última vez que tuvimos esta charla, ambos dijimos muchas cosas que no queríamos decir. Siento que hizo más daño que bien, y realmente no quiero que se repita esa situación. Realmente quiero arreglar esta situación, así que, ¿qué tal si nos tomamos un tiempo para pensar en soluciones? Cada uno de nosotros puede pensar en maneras de seguir adelante. Y podemos reanudar esta discusión cuando tengamos nuevas ideas que poner sobre la mesa".

Si la discusión no tiene relación con la relación, simplemente señale lo que sucedió la última vez y diga que usted siente que es mejor estar de acuerdo en no estar de acuerdo. Cada pareja tendrá sus propias versiones de temas sin salida, y usted necesita aprender cuando no es importante ganar.

- **Al menos uno de los miembros de la pareja está cansado**

Cuando estamos cansados, a veces podemos perder la energía necesaria para regularnos a nosotros mismos y a nuestras emociones. Eso no quiere decir que las emociones que sentimos cuando estamos cansados no sean reales. De hecho, a menudo esto puede mostrar lo que realmente sentimos - pero nos volvemos menos capaces de lidiar con ellos de manera madura y efectiva. Cuando tenemos energía, nuestro cerebro puede fácilmente pasar por el proceso de organizar nuestras palabras y pensamientos de una manera clara y constructiva. Cuando no tenemos energía, nuestros cerebros pueden fallar en iniciar este proceso o hacerlo apropiadamente.

Cuando entramos en un argumento en este estado de cansancio, no estamos usando las mejores herramientas que tenemos. No estamos equipados para estar en la arena y es mejor que salgamos antes de causar daños. En este estado de ánimo, es mucho más probable que reaccionemos de forma exagerada y digamos algo que no queremos decir. No siempre debemos esperar que nuestras parejas entiendan que sólo estamos cansados y que seguimos adelante. Si lo que decimos es genuinamente hiriente, puede causar un profundo dolor. No inicie conversaciones serias con su pareja cuando una de ellas no pueda comunicarse eficazmente en ese momento.

- **Las palabras han empezado a ser hirientes**

Por una u otra razón, una conversación puede empezar a agriarse. Usted sabrá que esto está comenzando a suceder porque su pareja dirá algo que le pica o usted dirá algo que normalmente no diría. Si usted nota que el tono y el lenguaje están comenzando a ser agresivos o mezquinos, entonces necesita alejarse inmediatamente y calmarse. Este es el punto de nuestros argumentos que siempre debemos tratar de evitar. Nuestras acaloradas conversaciones nunca deben doler. Y si lo hace, sepa que ha ido demasiado lejos.

No te vayas sin decir ni una palabra, ya que esto aparecerá como una tormenta, lo que sólo podría enfurecer aún más a tu pareja. En su lugar, señale a su pareja que usted ha comenzado a decir cosas que no quiere decir, y enfatice que no quiere co-crear una situación que cause daño duradero. Sugiérales que se tomen el tiempo para calmarse y piensen en formas más constructivas de comunicar sus puntos.

- **La conversación está dando vueltas en círculos**

Esto sucede a menudo cuando ambos miembros de la pareja están cansados, especialmente cuando se han agotado por tener una discusión tan larga. Notarás que los mismos puntos siguen siendo planteados, las mismas respuestas hechas cada vez, y sin embargo, de alguna manera, sigues volviendo a lo mismo una y otra vez.

Esta es una señal de que su conversación ha dado vueltas en círculos. Si alguien no lo termina pronto, sólo continuará y continuará, y es probable que nunca se encuentre una solución. Trate de señalar que la conversación se ha vuelto tortuosa tan pronto como lo note. Podría terminar con declaraciones hirientes, pero incluso si no lo hace, es una gran pérdida de tiempo y energía para ambas partes.

Si encuentras que un cierto tema te lleva en círculos mucho, considera tener esta conversación por correo electrónico. Cuando se escriben las discusiones, es mucho más fácil ver dónde está la confusión. Al examinar detenidamente las respuestas, queda claro por qué la discusión siempre se vuelve tortuosa.

- **El resultado de la discusión no afectará a la relación**

Si la conversación se está calentando, considere si el tema realmente importa. Digamos que ambos han empezado a discutir sobre un tema en las noticias. Pregúntese qué diferencia hay si ambos están de acuerdo o en desacuerdo. ¿Discutir sobre este tema hace que se diviertan menos juntos? ¿Te duele de alguna manera? ¿Afecta a alguna de sus habilidades el ser buenos compañeros el uno para el otro? Si la respuesta es "no" a todas estas preguntas, entonces este tema no es tan importante. El resultado no afecta su relación de ninguna manera - así que no se irriten por nada.

Cómo plantear sus inquietudes de la manera correcta

Si vas a estar en una relación feliz y saludable, necesitas saber cómo plantear tus preocupaciones de la manera correcta. En otras palabras, sin causar un daño significativo a su pareja y siendo lo suficientemente honesto como para incitar al cambio. Estas son situaciones increíblemente delicadas, así que preste mucha atención a los siguientes consejos:

- **Elegir cuidadosamente el momento**

¿Recuerdas lo que dijimos sobre prestar atención a la sincronización? Eso es aún más importante cuando estamos a punto de tener una gran charla. No saque a relucir conversaciones serias cuando su pareja esté teniendo un mal día o cuando esté exhausta. ¡Esto no conducirá a un resultado favorable! Lo mejor que puedes hacer es acercarte a tu pareja cuando está descansada, tranquila y sin pasar por un momento difícil.

- **Resistirse a decir "pero..." para suavizar el golpe**

Siempre pensamos que le estamos haciendo un favor a alguien comenzando con un positivo antes de llegar a lo negativo - pero en realidad esto no es cierto. Tomemos, por ejemplo, la declaración: "Me encanta lo apasionada que te has vuelto con la decoración del hogar y

Comunicación en pareja

creo que tienes algunas ideas geniales, pero no estoy segura de que me gusten estos nuevos cambios".

Tan pronto como el "pero" entra en juego, la primera parte de la frase no significa nada. Puede ser aún más perturbador porque usted ha hecho que su pareja se ilusione al comenzar con algo tan positivo, pero estas esperanzas son completamente pisoteadas para cuando usted termina la oración. ¡Su pareja es inteligente! Saben que el verdadero punto es todo lo que viene después del"pero". No intente suavizar el golpe con esta (mala) técnica, y hágalo con un lenguaje cuidadoso. Hablando de eso...

- **Utilice todo lo que ha aprendido sobre el lenguaje amable y constructivo**

Hemos sacado el tema del lenguaje constructivo en un capítulo anterior, y es hora de dar un buen uso a esa lección. Este es el momento perfecto para usar sus afirmaciones de ¡ "Yo" o "Yo siento"! En lugar de expresar tus preocupaciones en términos de lo que tu pareja hizo, redefínelas para que se refieran a lo que tú sientes. Mantente alejado del lenguaje absoluto y de las suposiciones, y asegúrate de que ninguna frase empiece con"tú".

Si te molesta que rara vez te ayuden con los quehaceres, resiste la tentación de decir: "Nunca ayudas con los quehaceres y no te importa cómo me afectan a mí". En vez de eso, trate de decir algo como, "Siento que no estoy recibiendo suficiente ayuda con los quehaceres. Me sentiría mucho mejor si pudiéramos tener una distribución más uniforme de las tareas". Note que no hay ninguna mención de "usted" en absoluto. Esto es ideal porque su pareja no se siente acorralada y no hace ninguna suposición. También estamos reduciendo la posibilidad de una discusión porque es difícil discutir con lo que alguien siente. Esa es su realidad.

- **Prepárese para el retroceso o las preguntas**

Usted siempre debe prepararse para la posibilidad de que su pareja se retrase un poco. Esto no significa necesariamente que será con enojo o frustración, pero si usted piensa que hay una posibilidad de que esto suceda, entonces definitivamente prepárese para ello. Considere todas las formas en que su pareja podría tratar de discutir con ella y piense en una respuesta constructiva y segura. Esto es especialmente importante si usted es la pareja más sumiso y tiene tendencia a ceder. Por ejemplo, en el escenario anterior podría decir: "Pero lavé los platos la semana pasada" o "Pero no soy tan bueno haciendo las tareas como tú". Usted conoce a su pareja lo suficientemente bien como para anticipar con cierta precisión cuáles podrían ser sus protestas. Incluso si sus respuestas son exasperantes, manténgase calmado y constructivo.

- **Concluir con soluciones y positividad**

No se limite a sentarse y guisar en el problema en cuestión, esté listo para encontrar una solución. Su pareja también puede tener algunas ideas, pero para el mejor resultado, traiga sus propias ideas a la mesa. Piensa en el siguiente paso y dale a tu pareja un lugar por donde empezar. Esta es la mejor manera de resolver un problema, porque esencialmente dices: "Este problema es fácil de resolver y aquí, esta es la oportunidad perfecta". Podemos empezar a mejorar las cosas ahora mismo!"

Volviendo a nuestro problema de ejemplo, la persona afectada podría decir: "Creo que una buena manera de resolver esto sería turnarse cada semana para hacer las tareas. ¿Qué tal si hago el resto de esta semana y puedes empezar el lunes?" Note cómo esto hace que la situación parezca instantáneamente más positiva. El problema ya no es el punto, es la solución.

Como mencionamos en un punto anterior, no es una buena idea comenzar la discusión con una declaración de "pero" en la que se pasa de positivo a negativo, pero lo contrario es una idea mucho mejor.

Añada la declaración positiva al final de la conversación para que pueda terminar con una buena nota.

5 Declaraciones para Desactivar Instantáneamente una Discusión acalorada

Ocurre en todas las relaciones. A veces te encuentras en una conversación con tu pareja que ha pasado de ser perfectamente fría a ser muy caliente, y no en el buen sentido. Tal vez sea porque acaban de tener un día duro y están de mal humor, o tal vez se despertaron en el lado equivocado de la cama. Sea lo que sea, no puedes domar el fuego en su actitud y todo lo que sabes es que debe detenerse ahora. Mantenga estos estados de cuenta en su bolsillo trasero para calmar inmediatamente una situación calurosa:

1. **"Veo tu punto de vista."**

Cuando decimos esto, validamos el punto de vista de nuestra pareja. Esto puede calmar a alguien porque todo lo que realmente queremos es que se entienda nuestro punto de vista. Seguimos discutiendo porque queremos hacernos oír. Eliminar la necesidad de seguir discutiendo, diciendo que ya se han hecho oír.

2. **"Entiendo."**

Esta afirmación es ideal para calmar una situación sin ceder. Al decir que entiendes, no estás admitiendo que estás equivocado; sólo estás diciendo que comprendes su punto de vista. Al igual que en la declaración anterior, usted les está haciendo saber que lo que han dicho ha sido recibido con esmero.

3. **"¿Qué puedo hacer para mejorarlo?"**

En lugar de alimentar el argumento, trate de cambiar la conversación hacia posibles soluciones. Sin agitar la olla, le estás haciendo saber a tu pareja que estás listo para arreglar la situación. Esto los hará más dispuestos a cooperar. Esta declaración hace maravillas, pero usted debe estar dispuesto a hacer un trabajo extra. Ya que usted le está haciendo saber a su pareja que quiere mejorar las cosas, debe cumplir con esa promesa.

4. "¿Qué necesitas ahora mismo?"

Al igual que la respuesta anterior, te saltas el argumento y vas directamente a la solución. Su pareja se sentirá más conmovida por esta pregunta porque usted les está preguntando directamente qué es lo que necesitan. Esto puede cortar el núcleo de un argumento porque usted está diciendo: "Sé que no se trata realmente de esto. Sé que es sobre ti, y lo que no entiendes. Quiero ocuparme de eso". Adopte una actitud más cariñosa y esté dispuesto a hacer lo que su pareja dice que necesita.

5. "Lo siento."

No subestimes el poder de las disculpas. Puede reducir un fuego ardiente a una sola brasa ardiente. A veces, no vale la pena discutir hasta que nuestras cabezas se ponen azules. Disculparse no siempre se trata de admitir la derrota o dejar que su pareja gane, se trata de elegir la armonía por encima de su ego. No siempre significa "Tienes razón, me equivoco", a veces puede significar "Me duele verte tan molesto y siento que te sientas así".

Qué NO decir durante una discusión

Hemos cubierto lo que deberías decir. Ahora, vayamos a lo que definitivamente no deberías decir. Si se encuentra en una discusión o discusión acalorada, manténgase alejado de las siguientes frases y oraciones si desea evitar una explosión.

1. "Cálmate."

Es una afirmación importante, pero lo diré: nunca en la historia de la humanidad se ha sentido la necesidad de "calmar" a una persona disgustada. Incluso si tienes buenas intenciones, esto es condescendiente y poco comprensivo. La persona que necesita calmarse tiene una profunda necesidad de empatía y comprensión; esta afirmación demuestra lo contrario. Muestra que la persona que no está molesta no entiende nada, ya que piensa que debería ser tan fácil para su pareja dejar de expresar sus emociones en ese momento. Si usted dice esto, no obtendrá una respuesta positiva. Evítelo a toda costa y en su lugar pídales que compartan más con usted.

2. "¡Otra vez esto no!"

Si su pareja está molesta y usted lamenta el hecho de que estén molestos por algo *otra vez,* esto sólo creará más ira. Al decir esto, estamos invalidando a nuestro compañero. Estamos mostrando molestia e impaciencia por sus verdaderos sentimientos. Esencialmente decimos que no nos importa porque ya han estado molestos por eso antes. En lugar de mostrar cuidado, estamos siendo condescendientes e insinuando que su reacción es ridícula.

3. "Si no lo haces, entonces voy a romper contigo."

Esto es un gran no-no en las relaciones. De hecho, muchas personas lo consideran abuso emocional. Si estás amenazando a tu pareja con una ruptura para que haga algo, estás mostrando un comportamiento cruel, especialmente si no eres realmente serio. Sin embargo, incluso si lo está expresando como una amenaza, podría causar mucho daño. Si tu pareja deja de hacer lo que sea que estén haciendo y tú continúas en una relación, este momento los dejará con mucha ansiedad. Comenzarán a sentirse como si estuvieran caminando sobre cáscaras de huevo. Si empiezan a hacer cambios por ti, sólo estarán actuando por miedo, en lugar de amor.

Para transmitir correctamente cómo te sientes sin recurrir a las amenazas, recuerda utilizar las afirmaciones de la "I". En lugar de decir: "Si no dejas de hablar con él, voy a romper contigo", trata de decir: "Me siento muy molesto por lo mucho que le hablas a este otro tipo. Comienza a molestarme a un nivel profundo y me preocupa que afecte mi capacidad de ser una pareja saludable para ti".

9 Problemas de relación que no se pueden arreglar

Por mucho que te esfuerces, hay algunos problemas en una relación que no se pueden evitar nueve de cada diez veces. Usted puede ser un maestro comunicador, y tal vez también su pareja, pero a veces, no hay mucho que usted pueda hacer. Si su relación tiene alguno de los siguientes problemas, puede ser mejor que se vaya antes de que ambos miembros de la pareja comiencen a sufrir.

1. Hacer trampas en serie

Un caso de infidelidad puede hacer trizas una relación, pero aún así, es salvable - si la pareja que hace trampas hace cambios duraderos en su comportamiento. Pero la infidelidad continua es un tema diferente. Esto indica que la pareja infiel tiene un problema real, y que no pueden estar en una relación saludable hasta que lo resuelvan por sí mismos. Deja de hacer concesiones por una pareja que te engaña constantemente. Sólo llevará a más dolor. Ninguna cantidad de buena comunicación arreglará esto. Depende enteramente de la persona que hace trampas hacer el trabajo por su cuenta. Y si no han empezado ahora, ¿por qué esperar y seguir saliendo lastimados?

2. Demasiado desprecio

Es normal estar enojado con su pareja por algo, pero el desprecio es una historia diferente. El desprecio es más profundo y es mucho más persistente. Sucede cuando un compañero no puede dejar pasar algo. Ha comenzado a roerlos, no pueden olvidarlo ni perdonarlo, y ha causado resentimiento. La culpa podría ser de cualquiera. Puede ser culpa de la pareja que no se atiene a las normas por haber herido profundamente a su pareja, o puede ser culpa de la pareja que se niega a curarse y a dejarse llevar. Un poco de desprecio es normal después de un evento perturbador, pero se transforma en desprecio cuando el tiempo ha pasado, y el tiempo no ha sanado ninguna herida en absoluto.

3. Trastorno de personalidad narcisista

Hay una gran diferencia entre ser un narcisista y ser un narcisista clínico, es decir, tener un Trastorno de Personalidad Narcisista. Si su pareja es un poco vanidosa, ocasionalmente hace declaraciones de cabezones, pero aún así puede asumir la responsabilidad por sus errores, entonces es probable que su pareja sea un narcisista común en minúsculas. Pueden ser molestos a veces, pero no tienen un trastorno de personalidad y aún así se puede progresar con ellos. Un narcisista, por otro lado, no puede ser arreglado y es mejor alejarse ahora antes de que usted se lastime más. Los narcisistas clínicos son incapaces de rendir cuentas de nada y no están dispuestos a reconocer las necesidades de otras personas. No es posible para ellos estar en una relación saludable y feliz.

4. Objetivos contradictorios

Usted puede tener todos los mismos intereses comunes, pero al final del día, los objetivos en conflicto pueden ser un asesino. Algunas parejas pueden tener la suerte de llegar a un acuerdo, pero algunos objetivos están en extremos opuestos del espectro. Si usted desea desesperadamente tener hijos y su pareja no los quiere en absoluto, no hay manera de comprometerse en esto. A menos que alguien cambie de opinión, ambos miembros de la pareja no pueden conseguir lo que quieren y esto significa que uno de ellos está condenado a sentirse insatisfecho. Esto puede llevar al resentimiento e incluso puede arruinar una conexión. Al final, puede resultar no sólo en dolor, sino en mucha pérdida de tiempo.

5. Abuso

Si uno de los miembros de la pareja se involucra en un comportamiento abusivo, ya sea físico o emocional, la relación debe terminar tan pronto como sea posible. El comportamiento abusivo es tóxico y sólo arrastrará a ambos miembros de la pareja a un ciclo de dolor que continúa hasta que se sale de los límites. La pareja abusiva siempre tiene la culpa y su comportamiento demuestra que son incapaces de estar en una relación saludable en la etapa actual de su vida. Se aconseja que esta pareja abandone la relación, deje de lastimar a la otra pareja y siga la terapia para que se convierta en una compañera más sana y cariñosa.

Es menos probable que la pareja abusiva admita que lo que está haciendo es un problema, por lo tanto, puede ser decisión de la pareja abusiva encontrar la fuerza para irse. Los amigos y la familia están en la mejor posición para poner fin a una relación tan volátil. Si usted está cerca de alguien que está sufriendo de abuso, vea si puede ayudar a sacarlo de la mala situación.

6. Incapacidad para crecer

El conflicto es una parte natural de cualquier relación, y si ambos miembros de la pareja están sanos, deben encontrar maneras de lograr una mejor armonía. Sin embargo, por una razón u otra, uno o ambos miembros de la pareja pueden encontrar que hay una persistente falta de crecimiento. En otras palabras, hay un patrón de calidad o comportamiento que ha continuado teniendo un efecto negativo sin ninguna mejora, aunque nuestra pareja sabe que queremos ver un cambio. Esto es sólo un gran problema si la conducta de la que hay que salir está afectando la felicidad de la relación.

Por ejemplo, si su pareja ha estado trabajando en sus problemas de ira durante años pero sigue siendo tan turbulento como al principio, reconsidere si puede aguantar esto en el futuro. Si tu pareja continúa coqueteando con otras personas a pesar de que repetidamente le has señalado que te molesta, es probable que esto no cambie nunca. En un momento dado, se hace evidente cuando ciertas cuestiones están aquí para quedarse y es importante que tomemos la decisión correcta con respecto a nuestro futuro. O este comportamiento está demasiado arraigado en sus personalidades o no están motivados para buscar este crecimiento. Elija lo que es correcto para su cordura y deje de esperar por un cambio que probablemente no llegará.

7. Discusiones constantes e inútiles

Es posible que pasemos por períodos de discusiones con nuestras parejas, especialmente si estamos pasando por una mala racha en nuestras vidas, pero si este suceso es persistente y es una pérdida constante de energía, es el momento de detenerse a pensar. Las frecuentes discusiones sin sentido son a menudo una señal de un problema mucho más profundo. A veces ambos miembros de la pareja han dejado de ser compatibles, se han desenamorado o han desarrollado un profundo resentimiento el uno por el otro. Es muy raro que estos problemas se puedan solucionar. Si es más fácil separarse de su pareja que estar con ella, puede ser el momento de ponerle un corcho.

8. Incapacidad para confiar

Es cierto lo que dicen; sin confianza, una relación no es nada. La confianza es la base de toda relación. Y sin una base sólida, no importa lo glamoroso e impresionante que sea el resto, se desmoronará tan pronto como cambie el viento. Una vez que se rompe la confianza, es extremadamente difícil reconstruir. Puede tomar años y mucho trabajo duro si una pareja decide intentarlo y hacerlo funcionar, e incluso entonces, a veces no tiene éxito. En cada relación, debemos tener la seguridad básica de que nuestra pareja no nos hará daño ni nos traicionará. Considera cuán profundamente rota está la confianza y si alguna vez te ves recuperándote completamente.

9. Sentimientos profundos por un tercero

Comunicación en pareja

Todos podemos superar la lujuria o un leve enamoramiento, pero si es más que eso, estamos tratando con algo completamente distinto. A veces, los sentimientos que una pareja tiene hacia un tercero son muy profundos, e incluso pueden estar rayando en el amor. Para que los sentimientos lleguen a este punto, la pareja en cuestión tendría que estar expuesta a este tercero durante un largo período de tiempo. Sabemos esto porque toma un tiempo para que los sentimientos profundos se desarrollen.

Hay mucha menos esperanza para la relación si la pareja en cuestión ha estado buscando intencionalmente la compañía de este tercero. Este comportamiento muestra un gran problema con el autocontrol - y esto podría plantear un serio problema para la relación en el futuro. Si se produce este escenario, puede ser beneficioso que la relación termine.

Es una historia ligeramente diferente si la pareja con sentimientos los ha desarrollado debido a la exposición involuntaria, por ejemplo, a través del trabajo. En este caso, no se trata de una cuestión de autocontrol y hay esperanza. Sin embargo, la única manera de solucionarlo es alejándose completamente de todas las situaciones que involucren a terceros. Si se trata de un compañero de trabajo, significa tomar una gran decisión, como dejar el trabajo causando exposición. De lo contrario, estos sentimientos sólo crecerán.

La buena noticia es que la mayoría de las parejas pueden, de hecho, resolver sus problemas. Si su problema de relación no estaba en la lista, hay más posibilidades de que usted resuelva sus problemas. Y aunque los problemas enumerados son en su mayoría ineludibles, siempre habrá excepciones. En cualquier caso, siempre se necesita mucho trabajo duro, comunicación amable y una cooperación increíble para ver un cambio positivo.

Capítulo Ocho - Profundización del vínculo

Siempre hay algo más que podemos hacer para profundizar el vínculo en nuestra relación. Al final del día, no sólo debemos sentirnos como amantes; también debemos sentirnos como amigos y hasta cierto punto, como familia. Cuando sentimos una fuerte conexión con nuestras parejas, hay una probabilidad mucho mayor de que la comunicación sea amable, útil y transformadora. Además, una buena conexión significa que es mucho más probable que sigamos nuestros compromisos y seamos una mejor pareja. Cuando nos sentimos cerca de alguien, sentimos instantáneamente más compasión y empatía. Estas dos cualidades son necesarias para una conexión amorosa.

Por muy excelentes que sean estas técnicas de unión, requieren el compromiso de ambas partes para ser completamente efectivas. Un resultado positivo requiere esfuerzo y atención; no cae simplemente en su regazo después de un intento. Mantenga estas actividades y ejercicios en mente para el resto de su futuro. Incluso cuando la comunicación en las relaciones es buena, esta no es razón para dejar de buscar oportunidades para crear vínculos.

Ejercicios y actividades que fortalecen las relaciones

- **Comience un diario de amor con su pareja**

Esta práctica hace maravillas para mantener conexiones románticas. Comience comprando un diario (idealmente juntos) que les guste a ambos. Si no viven juntos, intenten turnarse con el diario. Elabore un horario que se adapte a sus necesidades. ¿El diario pasará de manos semanalmente? ¿Quincenal? ¿Cuando te apetezca? Lo que sea que funcione para ti!

Si viven juntos, mantengan el diario en un área privada de la casa, pero por donde pasan con frecuencia. Una vez más, el arreglo de quién y cuándo escribir depende de usted. Aconsejo escribir algo todos los días, aunque sea muy corto, o tomar turnos. Si deciden turnarse, encuentren una manera creativa de indicar quién fue el último escritor, sin abrir el libro. Esto le asegurará que no la esté revisando constantemente para ver si ha sido actualizada.

Lo bueno de esta actividad es que usted puede hacer las reglas. ¿El libro estará lleno de cartas de amor? ¿Todo estará escrito en haikus? Si una pareja está molesta, ¿debe escribir una carta abierta y honesta sobre cómo se siente en el diario? ¿O esto sólo se reservará para el romance? Depende totalmente de ti.

- **Inversión de funciones**

Este ejercicio es ideal para cuando dos personas están tratando de estar de acuerdo con un problema. Para que este ejercicio tenga éxito, usted y su pareja deben estar tranquilos y dispuestos a cooperar plenamente. Si hay un indicio de sarcasmo o sarcasmo, abandone el intento e inténtelo de nuevo durante un mejor estado de ánimo.

En este ejercicio de inversión de roles, usted y su pareja tendrán una conversación sobre un problema a mano, pero ambos hablarán desde el punto de vista de la otra persona. Cada uno de ustedes debe pensar realmente en lo que la otra pareja diría y considerar las razones reales que podrían usar. Una de las razones por las que este ejercicio es tan efectivo es porque elimina la necesidad de "ganar" la discusión. Las parejas se ven obligadas a pensar profundamente en la perspectiva de sus seres queridos, y esto ayuda instantáneamente a las parejas a identificarse entre sí.

- **El ejercicio de contacto visual**

Para este ejercicio, usted y su pareja deben sentarse uno frente al otro. Lo ideal es que las luces sean tenues y que estén cerca unas de otras, pero no demasiado cerca. Donde quiera que se siente, asegúrese de que sea cómodo. También es importante que no se hable ni se toque durante este ejercicio.

Comunicación en pareja

Ponga un cronómetro durante cinco minutos y trate de mirarse a los ojos el uno al otro durante esos cinco minutos. El contacto con los ojos debe ser suave e ininterrumpido. No mire intensamente a su pareja y recuerde siempre parpadear como lo haría normalmente.

Se sorprenderá de lo rápido que pasan los cinco minutos. Las parejas pueden perderse tanto que pierden la noción del tiempo. Después de este ejercicio, usted sentirá una mayor sensación de conexión y sintonía con su pareja. Si ha aumentado la distancia entre ustedes dos, este ejercicio puede ayudarlos a volver a la misma longitud de onda.

- **Crear un tablero de visión**

Sea creativo con su pareja y trabajen juntos en un tablero de la visión. Un tablero de la visión es un collage motivacional de fotos, notas, y cualquier cosa que atraviesa el futuro que más les gustaría tener juntos. Esto puede incluir lugares a los que le gustaría viajar o fotos de la casa de sus sueños juntos. Lo que sea que los llene a ambos de esperanza, alegría y positividad sobre lo que está por venir. Es importante que ambas parejas contribuyan con algo a esta junta de visión. Recuerde que es su visión *compartida*, no sólo la fantasía de uno. Y sobre todo, diviértete con él. Esta es una manera increíblemente divertida de fortalecer tu conexión con tu pareja. No se necesita una racha artística para disfrutarlo!

- **Repasa las famosas '36 preguntas que conducen al amor'.**

En un famoso experimento realizado por psicólogos, un número significativo de personas sintieron una conexión más fuerte después de pasar por una serie de preguntas juntos. Muchos de ellos incluso afirmaron haberse enamorado. En última instancia, el experimento demuestra que cuando ambos miembros de la pareja se revelan a sí mismos, actúan de manera vulnerable y escuchan activamente a su pareja, se establece una conexión inmediata. Al forzar a dos personas a hacer justamente esto, se fomentaba un sentido de cercanía e intimidad. Aunque este experimento se llevó a cabo en personas que

Comunicación en pareja

no se conocían entre sí, las parejas existentes todavía se benefician enormemente de este ejercicio de vinculación.

Las 36 preguntas se dividen en tres grupos, cada uno de los cuales se vuelve más personal que el anterior. Tomen turnos para contestar estas preguntas:

Set 1

1. ¿A quién invitarías a ser tu invitado a cenar, si tuvieras la opción de elegir a cualquiera en el mundo?

2. ¿Te gustaría ser famoso? En caso afirmativo, ¿de qué manera?

3. Antes de hacer una llamada, ¿ensaya lo que va a decir? Si es así, ¿por qué haces esto?

4. ¿Qué constituye un día perfecto a sus ojos?

5. ¿Cuándo fue la última vez que te cantaste a ti mismo? ¿Y cuándo fue la última vez que cantaste para alguien más?

6. Si vivieras hasta los 90 años y tuvieras la opción de elegir entre el cuerpo o la mente de una persona de 30 años durante los últimos 60 años de tu vida, ¿cuál elegirías?

7. ¿Tienes idea de cómo puedes morir?

8. Haga una lista de tres cosas que usted y su pareja parecen tener en común.

9. ¿Qué es lo que más agradeces de tu vida?

10. Si pudieras cambiar algo en la forma en que te criaste, ¿qué cambiarías?

11. Comparta la historia de su vida con el mayor detalle posible, pero sólo tardará 4 minutos y no más.

12. Si pudieras adquirir cualquier calidad o habilidad de la noche a la mañana, ¿qué elegirías?

<u>Juego 2</u>

13. Si te encontraras con una bola de cristal que pudiera decirte cualquier verdad sobre tu vida, sobre ti mismo, sobre tu futuro o sobre cualquier otra cosa, ¿qué es lo que más te gustaría saber?

14. ¿Hay algo que hayas soñado hacer durante mucho tiempo pero que nunca hayas hecho? ¿Por qué no lo has hecho todavía?

15. ¿Cuál diría que es el mayor logro de su vida?

16. ¿Cuáles son las cualidades y comportamientos que más valoras en una amistad?

17. Hablando de tu recuerdo más preciado.

18. Ahora habla de tu peor recuerdo.

19. Si supieras que morirías de repente en un año, ¿habría algo que cambiarías en la forma en que estás viviendo ahora? ¿Qué sería eso y por qué?

20. Describa lo que la amistad significa para usted.

21. ¿Qué tan importante es el amor y el afecto para ti? ¿Qué papeles desempeñan en tu vida?

22. Tomen turnos para compartir una característica positiva sobre el otro. Cada pareja debe compartir cinco cosas para un total de diez.

23. ¿Qué tan cerca está tu familia? ¿Están calientes el uno con el otro? ¿Crees que tu infancia fue más feliz que la infancia promedio?

24. ¿Cómo es tu relación con tu madre? ¿Cómo te sientes al respecto?

Juego 3

25. Tomen turnos para compartir tres declaraciones, cada una comenzando con "nosotros". Por ejemplo, "estamos en esta habitación sintiendo..."

26. Termina esta frase: "Ojalá tuviera a alguien con quien compartir..."

27. Si usted y su pareja se convirtieran en amigos íntimos, ¿qué sería importante que supieran?

28. Dígale a su pareja lo que honestamente le gusta. Esta vez, trata de compartir algo que normalmente no le dirías a alguien que acabas de conocer.

29. Hablando de uno de los momentos más embarazosos de tu vida.

30. ¿Cuándo fue la última vez que lloraste delante de otra persona? ¿Cuándo fue la última vez que lloraste sola?

31. Comparta algo que le guste de su pareja.

32. En su opinión, ¿qué es demasiado serio para bromear, si acaso?

33. Si murieras esta noche sin tener la oportunidad de comunicarte con nadie, ¿qué lamentarías más si no se lo hubieras dicho a nadie? ¿Por qué no se lo has dicho todavía?

34. Tu casa, que contiene todo lo que tienes, se incendia. Usted ha salvado a sus seres queridos y mascotas, y ahora sólo tiene tiempo para guardar un artículo más. ¿Qué salvarías tú? Por qué?

35. De todas las personas de su familia, ¿cuya muerte es la que más le molesta? ¿Por qué?

36. Comparta un problema personal con su pareja y pídale consejo sobre cómo podría manejarlo. Después de esto, la pareja que ofreció el consejo debe reflejar cómo parece que se está sintiendo la persona que hace la pregunta sobre el problema elegido.

Bond al instante con estas 8 divertidas actividades de pareja

Cuando se trata de eso, el secreto para nutrir su vínculo es salir de su zona de comodidad y darle a su pareja toda su atención. Siéntase libre de buscarlo de la manera que desee, pero le aconsejo encarecidamente que empiece con estos métodos altamente efectivos, bien conocidos por fortalecer los vínculos al instante.

1. Masajearse unos a otros

Este acto altamente sensual hace más que calentar las cosas, también pide a cada uno de los miembros de la pareja que se involucren en unos momentos de total amabilidad hacia su ser querido. Para la duración de cada masaje, una pareja está dando completamente a su pareja sin recibir nada a cambio. Se centran en el placer de su pareja y sólo se preocupan por crear una experiencia agradable para ellos a través del poder del tacto. La gente está tan acostumbrada a la intimidad física y al contacto estrictamente sexual que puede ser muy emocionante tener ambas cosas sin contacto sexual. Esta cercanía a través del contacto no sexual es lo que crea el vínculo. Para obtener el mejor resultado, ambos miembros de la pareja deben turnarse y cada masaje debe durar el mismo tiempo.

2. Salir a bailar

¡Bailar es lo más cerca que puedes estar de tener relaciones sexuales sin tenerlas! Por esa razón, el baile puede ser un verdadero punto de partida en una relación; no sólo en el departamento de la pasión, sino incluso en términos de nuestra conexión. No importa el idioma que hables o la cultura de la que seas, el baile tiene un don para inducir la alegría y liberar la tensión en el cuerpo. Cuando hacemos esto con nuestra pareja, nos expresamos sin decir una palabra. El acto de moverse en alineación y en ritmo unos con otros es su propio ejercicio de colaboración, y puede ser un símbolo maravilloso para amarse unos a otros en armonía. Si usted y su pareja están del lado de la cajera, ¿por qué no se toman un par de copas para abrirlo?

3. Hagan ejercicio juntos

Lo creas o no, numerosos estudios han demostrado que hacer ejercicio con tu pareja aumenta la felicidad general en tu relación. Los investigadores han encontrado que esto es particularmente cierto para los ejercicios que requieren que ambos miembros de la pareja se levanten y se muevan juntos de alguna manera. La unión ocurre a un nivel subconsciente cuando nos involucramos en el efecto espejo. Este es el proceso neurológico que conduce a la unión y se manifiesta como movimientos reflejados. Al coordinar nuestras acciones o reflejar los movimientos de los demás, estamos disparando neuronas espejo y, posteriormente, profundizando nuestro vínculo.

Y eso no es todo! Los estudios también han encontrado que hacer ejercicio con una pareja lleva a un mejor desempeño en el entrenamiento. Cuando alguien nos observa, es más probable que nos esforcemos más para tratar de evitar parecer débiles. Unirnos más fuerte y calentarnos más: ¿no suena eso como una gran idea?

4. Salir en una cita de lujo

La razón por la que las citas de fantasía tienen un efecto tan positivo es simple: nos saca de nuestra rutina y nos obliga a hacer que nos veamos bien para nuestra pareja. No es ningún secreto que cuando cuidamos de nosotros mismos y de nuestra apariencia, nuestra pareja nos encontrará más atractivos. Si a esto le sumamos un escenario emocionante que normalmente no experimentas y *voilà*, has empezado a reiniciar tu conexión. Si su relación ha comenzado a sentirse demasiado cómoda, entonces considere llevar a su pareja a un buen restaurante. La formalidad de una cita de lujo ofrece un cambio refrescante de estar en pantalones de chándal y puede condimentar instantáneamente una relación aburrida.

5. Visite la ubicación de uno de sus "primeros".

Cada pareja tiene una historia de amor única. Incluso si no fue amor a primera vista o tuvo un comienzo poco convencional, puede ser agradable dar un paseo por el carril de los recuerdos de vez en cuando. ¿Por qué no visitar el lugar donde se conocieron o donde tuvieron su primer beso? Volver sobre nuestros pasos puede recordarnos lo lejos que hemos llegado con nuestra pareja. Si haces esto con tu pareja, revivirás la emoción y las mariposas por un momento; los lugares con fuertes recuerdos inevitablemente nos hacen retroceder en el tiempo. Disfrute de estos recuerdos entre sí y saboree la belleza de su historia única, aunque no fuera perfecta. Recuerden que en un momento dado, donde están ahora estaba donde esperaban estar.

6. Hagan un viaje juntos

Un estudio realizado por la U.S. Travel Association encontró que las parejas que viajan juntas están mucho más satisfechas en sus relaciones que las que no lo hacen. Aún así, muchas parejas dudan en ir de viaje porque están convencidas de que hacer esto agotará su cuenta bancaria. Esto no es cierto en absoluto.

Para experimentar los beneficios de viajar, todas las parejas necesitan salir de su zona de confort (¡no sólo psicológicamente sino también geográficamente!) y ver algo nuevo y emocionante. Si usted tiene el presupuesto para ello, entonces seguro, visite París o Roma, pero también puede divertirse en un viaje por carretera al siguiente estado. Visite un Parque Nacional y alójese en un hotel de 2 o 3 estrellas, o en una humilde posada. Salir a la naturaleza. Haz algo que normalmente no haces. Este cambio de escenario puede proporcionar una ruptura muy necesaria con su rutina rígida y encontrará que su vínculo se profundiza naturalmente a medida que experimentan juntos el mundo más amplio.

7. Visitar un parque de atracciones

Niños o no, seamos realistas, los parques de diversiones son increíblemente divertidos. Si no tienes un miedo paralizante a las alturas, tómate un descanso de tu rutina y pasa un día con tu pareja. Su relación verá una serie de beneficios. Para empezar, los paseos emocionantes te darán un torrente de endorfinas, lo que significa que te sentirás abrumado por los sentimientos de felicidad y un subidón natural. También se le inyectará adrenalina, un neurotransmisor que se sabe que crea recuerdos en la mente. Esto significa que el maravilloso día que has tenido se solidificará en tu mente como un recuerdo feliz. Dado que usted y su pareja se encuentran en situaciones que provocan ansiedad, se vincularán mientras ambos buscan consuelo y calor el uno en el otro.

8. Cocinar juntos

Si usted está en un presupuesto, cocinar juntos es una gran manera de profundizar el vínculo, mientras que al mismo tiempo llenar el vientre. Cocinar requiere que ambas personas cooperen y trabajen hacia un objetivo común - ¡exactamente de lo que se trata estar en una relación exitosa! Esta es una gran práctica para entrar en la mentalidad correcta para la resolución de problemas y el trabajo en equipo. Cada persona está haciendo su propia contribución y el proceso desafía a ambas personas para que se pongan de acuerdo, o la comida entera se resiente.

Un proyecto de cocina nos enseña las habilidades que necesitamos aportar al resto de nuestra relación. Y además, nos unimos porque estamos creando algo juntos. Estamos combinando esfuerzos para conseguir un producto final tangible. Si logramos hacer una comida deliciosa, las parejas pueden crear un vínculo por encima del orgullo compartido. Probablemente sientan que pueden hacer cualquier cosa como equipo. Pero aquellos que no tienen éxito, no deben sentirse desanimados. Esto no es una reflexión sobre su relación; ¡puede que sólo necesite un poco más de práctica culinaria!

Desplácese por los sitios web de cocina o los libros de recetas y decida qué comida desea recrear. Esto debería ser algo que os guste a los dos. Si no tiene experiencia como cocinero, elija un plato con instrucciones lo suficientemente sencillas como para que las entienda y asegúrese de que posee todo el equipo necesario.

Incluso las parejas más cercanas necesitan tomarse un tiempo para profundizar su vínculo. No significa que no sea ya profundo, se trata de alcanzar y reconectarse para recordar por qué están allí. El tiempo y la rutina pueden agotarnos; busque momentos de intimidad para fortalecer su vínculo. Cuando actuamos desde un lugar de profunda vinculación, es más probable que la comunicación en las relaciones sea amorosa y efectiva.

Mantengan un corazón abierto y sean lo suficientemente valientes como para salir de su zona de confort para satisfacer las necesidades de aventura y variedad de cada uno. En lugar de sentir pánico sin sentido en un escenario incierto, trate de transformar ese sentimiento en el deseo de resolver problemas con su pareja. Acérquense a la vida con la mentalidad de que pueden hacer cualquier cosa si unen sus cabezas, y pueden resolver cualquier necesidad que tengan, si unen sus corazones.

Conclusión

Felicitaciones por haber llegado al final de *Relationship Communication*! Te des cuenta o no, has dado un gran salto en la dirección correcta. Esto no es sólo fantástico para ti, sino para tu pareja. Usted verá los beneficios que impactan sus hábitos diarios y con la práctica continua de estas técnicas, los días de comunicación tensa se sentirán como si ya hubieran pasado. Al completar este libro, usted ha demostrado su compromiso con una comunicación más efectiva y amorosa - y esta es una de las mejores cosas que podría hacer por la persona que ama. Estás en el camino correcto hacia una relación más fuerte. ¡Deberías estar orgulloso de ti mismo!

Si bien ha dado un gran primer paso, es esencial que no lo deje ahora. La comunicación en las relaciones es un viaje continuo; se te han concedido las herramientas y técnicas, pero ahora es el momento de usarlas en situaciones reales, en el mundo real. No haga de esto un intento efímero, pero incorpore estas prácticas transformadoras en su vida diaria y hágalas duraderas. Reinvente completamente sus normas y cree hábitos ejemplares.

Asegúrese de entender las cinco necesidades vitales que su relación debe cumplir para que ambas partes sean felices. Tal vez trabaje con su pareja para identificar cuáles de sus necesidades han sido completamente satisfechas y cuáles aún no han sido satisfechas. Este es un paso esencial que hay que dar antes de encontrar una solución. Una vez que haya hecho esto, evalúe su situación y vea si puede averiguar en qué etapa se encuentra su relación. Esto le ayudará a entender mejor por lo que está pasando, e igualmente útil, le mostrará qué más está por venir.

Espero que hayas sido honesto contigo mismo en el segundo capítulo. No se avergüence de admitir que su relación tiene un problema. Después de todo, *debemos* hacer esto antes de que podamos empezar a hacer cambios positivos. Esperamos que hayas identificado la razón

Comunicación en pareja

por la que la comunicación no ha sido tan buena y que finalmente te hayas dado cuenta de cualquier error que estés cometiendo en este momento. Pero, por supuesto, no se limite a insistir en estos problemas. Como mencioné, necesitas empezar a crear mejores hábitos. Has aprendido todo sobre los hábitos que salvan las relaciones. Empieza a usarlos ahora mismo!

Has profundizado en las muchas maneras en que podemos expresar y recibir amor. Una vez que hayas descubierto cuál es el lenguaje amoroso de tu pareja, trata de pensar en maneras creativas de demostrarles cuánto te preocupas. De hecho, te recomiendo encarecidamente que repases la sección con ellos para que tú también puedas dar a conocer tu lenguaje amoroso. Cuando las parejas tienen una buena comprensión de los idiomas del amor del otro, mucho menos se pierde en la traducción. De repente, ambos miembros de la pareja están en la misma página. Sin toda la confusión de tratar de entenderse, pueden concentrarse en el intercambio de amor.

Aunque los hábitos son ciertamente útiles, las dos personas en una relación deben ser mitades sanas del todo para que realmente funcione. Para formar una gran sociedad y ser una buena pareja, es necesario que aprendamos a ser individuos emocionalmente sanos. No nos volvemos perfectos una vez que entramos en una relación; ¡todo el bagaje emocional y el trauma que experimentamos de antemano viene con nosotros! Si no tenemos cuidado, las heridas del pasado pueden filtrarse en nuestros hábitos de comunicación y teñirlos con negatividad. Con las nuevas herramientas que se le han proporcionado, puede concentrar toda su energía en convertirse en una mejor pareja. Por fin puedes empezar a dejar atrás el pasado. Trate de ayudar a su pareja a hacer lo mismo. Al final del día, asegúrese de que están satisfaciendo las necesidades de cada uno - no sólo las cinco necesidades básicas, sino también las necesidades únicas que vienen con sus personalidades.

Comunicación en pareja

Trate cada situación delicada con cuidado. Sepa cuándo está tratando con una bomba de tiempo y consulte el capítulo correspondiente para conocer las técnicas que necesita durante las conversaciones difíciles. Si sigue esta guía de cerca, se asegurará de que, incluso durante las duras tormentas, siempre se mantenga a flote. No hay tal cosa como navegar sin problemas en una relación, pero puedes sobrevivir y aprovechar al máximo el viaje con estas importantes herramientas. Cuando manejamos estas situaciones de la manera correcta, se convierten en oportunidades para una intimidad más profunda. Se convierten en puertas abiertas en lugar de muros y callejones sin salida.

La comunicación en las relaciones no es algo natural para nadie; siempre requiere trabajo, compromiso e increíble autodisciplina. Es una elección que las parejas amorosas hacen el uno por el otro todos los días, y aquellos que hacen el esfuerzo, cosechan recompensas que otros apenas pueden imaginar. Manténgase consciente de sí mismo y haga lo que pueda para profundizar su vínculo. Incluso las personas que están excepcionalmente cerca necesitan encontrar tiempo para mantener su conexión. Deja que el amor que fomentas a través de estas lecciones potencie cada interacción de ahora en adelante. Les he mostrado el maravilloso camino que tienen por delante, ahora es su turno de recorrerlo juntos.

No más codependencia

Estrategias de desprendimiento saludables para romper patrones. Descubre cómo dejar de angustiarse con relaciones codependientes, obsesivas, de celos y abuso narcisista

Tabla de Contenidos

Introducción 109

Capítulo 1: ¿Es usted codependiente? 112

Lo que significa ser codependiente 112

Codependencia: ¿Y qué? 114

Dependencia vs. Codependencia 115

Signos de que usted es el habilitador en una relación de codependencia 117

¿Está en etapa denegación? 119

Capítulo 2: Entendiendo las Personalidades Codependientes .. 122

Decodificación del Habilitador 122

Comprensión de la pareja habilitada 124

Trastorno de personalidad dependiente 128

5 tipos de Personalidades Dependientes 129

Heridas comunes de ambas personalidades 130

Comprender el estilo de apego ansioso 131

Capítulo 3: Por el amor de los límites 134

5 maneras vitales de construir una fuerte autoconciencia 135

"Entonces, ¿dónde exactamente debería trazar la línea?" 137

4 preguntas para eliminar la culpa antes de establecer los límites 140

Capítulo 4: Desarrollando una poderosa autoestima 146

Cómo la alta autoestima puede mejorar su codependencia 146

Deje la Codependencia con estas 22 Afirmaciones de Autoestima 148

8 ejercicios para desarrollar una poderosa autoestima............ *149*

Capítulo 5: Romper los patrones destructivos........................ **154**

5 maneras de derrotar a los celos intensos *154*

Cómo romper el patrón de abuso narcisista *158*

Capítulo 6: Estrategias de Destacamento................................ **168**

9 grandes hábitos que comienzan a sanar la Codependencia.... *168*

Capítulo 7: El espacio personal y el autocuidado **177**

6 razones por las que el espacio personal sana a las parejas.... *177*

10 maneras de acelerar el crecimiento personal mientras tiene espacio personal *180*

12 ideas de autocuidado para que se sienta como un millón de dólares *184*

Capítulo 8: Sanando la codependencia para bien **189**

Las lecciones que rompen la codependencia............................ *189*

¿Qué hacer si...? *192*

Conclusión **197**

Introducción

A primera vista, las relaciones de codependencia parecen completamente saludables. Parece que hay confianza, cuidado y cercanía - ¿y qué podría ser malo de eso? Mire un poco más de cerca y verá que hay más de lo que parece. Ambos miembros de la pareja parecen tener roles distintos y notará que parecen estar atrapados en un ciclo. Uno de los miembros de la pareja es el cuidador o el "reparador", mientras que el otro recibe un grado excesivo de apoyo que lo frena en su crecimiento personal. Ahora que lo ves de cerca, reconoces este patrón malsano por lo que es; es la codependencia.

Si está en una relación de codependencia, conocerá bien esta dinámica unilateral. Tal vez usted es el facilitador, con la intención de ayudar tanto a su pareja que usted termina haciendo todo por ella - incluso permitiendo que sus hábitos dañinos causen estragos. O tal vez usted es la pareja habilitada, sufre una dolencia, adicción o afección de salud mental, y se encuentra confiando mucho en su pareja para ayudarlo a superar cada día. Hasta ahora, se te ha enseñado a creer que tu comportamiento es indicativo de amor, pero estoy aquí para decirte que estás muy equivocado.

La codependencia es una condición profundamente disfuncional. Cuando se hace cargo de una relación, puede impedir el éxito profesional de la pareja, cortar los lazos con familiares y amigos, causar heridas emocionales o psicológicas profundas y, a la larga, crear resentimientos en la relación. Esto puede resultar en la ruina de la sociedad en cuestión, lo que significa que todo lo que han perdido en el camino fue en vano. Tan pronto como se identifique la codependencia, debe detenerse o se causará este inmenso daño.

En este libro, lo ayudaré a poner fin a sus formas de codependencia para que finalmente pueda estar en la relación saludable y feliz que desea. Lo llevaré de aferrarse a parejas codependientes a personas empoderadas que estén en la cima de sus respectivos mundos. Incluso si ha estado atrapado en este ciclo destructivo durante mucho tiempo, le mostraré cómo dejarlo para siempre.

Me enorgullece decir que soy un codependiente recuperado. Desde que evolucioné de mis hábitos de codependencia hace varios años, he ayudado a muchas parejas codependientes a romper con sus dañinos patrones de relación. Conozco sus luchas mejor que la mayoría de la gente. He estado allí y entiendo el dolor que se necesita - y cómo se siente no saber quién eres, cuando no se te necesita. Soy la prueba viviente de que se pone mejor y que su relación puede sentirse un millón de veces más satisfactoria, amorosa y poderosa, si solo tiene las herramientas y la información adecuadas. Eso es exactamente lo que te daré. En este libro, compartiré todas las ideas que aprendí en mi viaje de codependiente a completamente en el poder. Todo lo que aprendí de la manera difícil, se lo diré simplemente para que no tenga que cometer los mismos errores que yo cometí. Le mostraré cómo transformé mi relación poco saludable y problemática en una asociación poderosa que aún hoy en día sigue prosperando, ¡incluso veinte años después!

Su relación está destinada a prosperar. Pronto, finalmente entenderá lo que eso significa realmente. Ya no se sentirá desesperado y agotado por su pareja. Usted sabrá cómo satisfacer las necesidades de su pareja y, al mismo tiempo, las suyas propias. Usted sabrá cómo darle a su pareja lo mejor de sí mismo, al mismo tiempo que disfruta de ciertas recompensas para sí misma. Por primera vez, su relación tendrá un verdadero equilibrio y experimentarán lo que realmente es amar profundamente, y ser profundamente amado a cambio.

He trabajado con muchas parejas que otros consideraban "demasiado lejos" y todas han visto una recuperación total de sus formas de codependencia. Aquellos que antes se sentían atascados, ahora saben lo que es evolucionar y crecer. La verdad es que romper la codependencia no solo cambia tu relación, sino que transforma toda tu vida. Las personas con las que he trabajado continúan cosechando los beneficios de su trabajo personal hasta el día de hoy. La ayuda que les ofrecí es exactamente lo que le brindaré en este libro.

Codependiente o no, no olvidemos que todos queremos encontrarnos en relaciones amorosas que brinden alegría a nuestras vidas. Esta es una característica común que todos compartimos. Lo que te hace diferente es que te has visto envuelto en hábitos equivocados y patrones disfuncionales. Con mi ayuda, finalmente eliminará estos obstáculos. Puede disfrutar de todo lo que es maravilloso en su relación, mientras deja atrás todo lo que le frustra y molesta.

Este es el primer consejo que te daré: ¡empieza ahora! A medida que pasa el tiempo, las parejas codependientes se vuelven más fijas en sus formas, encontrando más difícil romper su dañina dinámica. Cada momento que desperdicias siendo codependiente es un momento que desperdicias no alcanzando todo tu potencial. ¿Qué se están perdiendo usted y su pareja mientras se aferran a estos patrones destructivos? ¿Qué experiencias o logros maravillosos podrían ser tuyos *ahora mismo* si solo dejaras espacio para que florezcan?

Al pasar a la siguiente página, habrá dado el primer paso para recuperar su vida de la codependencia. Este es un momento emocionante - el final de una era oscura y el surgimiento de un nuevo amanecer donde finalmente estarás libre de los grilletes de la codependencia. Prepárese para el nuevo capítulo de su vida.

No más codependencia
Capítulo 1: ¿Es usted codependiente?

La codependencia es un tema incómodo para muchas parejas y esto se debe en parte a un gran malentendido sobre lo que el término significa realmente. La palabra "codependiente" se usa mucho en el mundo moderno para describir a cualquier pareja que esté muy unida o que pase mucho tiempo juntos. Estas definiciones son, por supuesto, completamente inexactas. La codependencia está muchos pasos por encima de la infatuación o la intimidad. Es mucho más que una mera dependencia o dependencia. La verdadera codependencia hace un gran perjuicio a ambos cónyuges en una relación, manteniéndolos anclados en hábitos insalubres que están arruinando lentamente sus vidas. Ya es hora de que dejemos de usar el término "codependencia" tan ligeramente. Sus efectos pueden ser brutales si no se controlan.

En una relación sana, ambos miembros de la pareja se dan y se reciben mutuamente en igual medida. Tú haces esta tarea, yo haré esa tarea. Tú pagas la cena esta noche, yo prepararé la cena mañana. Puede que no siempre sea tan sencillo como esto y puede haber momentos en que el intercambio esté ligeramente desequilibrado -por ejemplo, durante momentos de estrés, enfermedad o trauma-, pero esto en sí mismo no es insalubre. Esto en sí mismo no es codependencia. Es normal ver esta fluctuación en el tiempo. La vida pasa y no siempre estamos en la cima de nuestro juego. Durante los puntos bajos, la dependencia de nuestra pareja o seres queridos es completamente natural. Por lo tanto, consideremos una pregunta importante: ¿cuándo exactamente la confianza cruza la línea? ¿Cuándo la dependencia se convierte en codependencia?

Lo que significa ser codependiente

En una relación codependiente, dos personalidades disfuncionales encuentran en cada una de ellas el máximo facilitador. Una pareja necesita desesperadamente a alguien que los cuide y la otra parte siente que su autoestima se basa en cuánto se necesitan. Estas dos personalidades se atraen como imanes. Sin autoconciencia o una tercera parte útil, esto puede hacer un cóctel bastante tóxico - uno que definitivamente no es sostenible a largo plazo. La pareja necesaria asume el papel de "donante" o "salvador", mientras que la pareja necesitada se comporta como una víctima problemática, "quitándole" a la otra pareja y mostrando una necesidad excesiva de cuidados. El donante codependiente responde a esta necesidad de atención con una ayuda o una extensión excesivas de su asistencia.

Esto es diferente de la dependencia diaria en una relación ordinaria porque la codependencia permite que el comportamiento no saludable continúe. Aunque es completamente normal esperar que su pareja recoja los comestibles algunas veces o que cocine una comida cuando usted está exhausto del trabajo, no es normal cuando uno de los miembros de la pareja está actuando consistentemente como ayudante. A veces, el donante puede incluso asumir un papel de padre, asegurándose constantemente de que su pareja está bien y ayudándoles a realizar las actividades cotidianas que deberían ser capaces de hacer por sí mismos. La pareja necesitada se sale con la suya haciendo muy poco mientras que la pareja necesitada hace casi todo. Ambas disfunciones se alimentan mutuamente.

El término "codependencia" solía referirse estrictamente a las relaciones tóxicas de los adictos y sus parejas, pero hoy se ha ampliado para incluir cualquier relación en la que se permita que continúen los comportamientos autodestructivos. Una codependencia puede permitir cualquiera de los siguientes comportamientos:

- **Adicción** a sustancias tales como drogas, alcohol, juegos de azar o cualquier otra actividad compulsiva que cause tensión financiera y otros daños a su vida personal.

- **ala salud mental,** especialmente síntomas destructivos causados por trastornos de personalidad o depresión.
- **nmadurez** y otras formas de irresponsabilidad, donde el facilitador siente que no tiene otra opción que aceptar este comportamiento porque no hay manera de cambiar a su pareja y así es como son.
- **endimiento insuficiente,** que puede o no estar relacionado con cualquiera de los comportamientos anteriores. La pareja de bajo rendimiento no está tirando de su peso financiero o renunciando a sus metas personales, y el facilitador permite que esto continúe.

Codependencia: ¿Y qué?

Aquí hay una pregunta que escucho mucho: "¿Y qué si una pareja es codependiente? Si un compañero se siente satisfecho como ayudante y encuentra a alguien que necesita ayuda, ¿cuál es el problema? ¡Nadie se ve obligado a hacer nada que no quiera hacer! Tal vez estén felices de esta manera ".

Una pareja codependiente puede parecer feliz, pero esta felicidad frágil se basa enteramente en su negación. Cuando una pareja codependiente ayuda en exceso a su pareja, impide que su ser querido crezca emocional y psicológicamente. Se permite que el comportamiento destructivo se desarrolle desenfrenadamente. La relación comienza a funcionar como una muleta, donde la frágil pareja nunca aprende a cuidar de sus propias necesidades. Ya no sienten la urgencia de arreglar sus propios problemas. En cambio, esperan que alguien más se encargue de todo. Cuando una persona es tratada como un niño, pierde su poder y se desconecta de su propia fuerza interior. No se les da la oportunidad de madurar psicológicamente. Esta actitud de necesidad afecta mucho más que su vida romántica; de hecho, es probable que su vida profesional también esté sufriendo. ¡Después de todo, los jefes y compañeros de trabajo son mucho menos comprensivos que nuestras parejas amorosas!

No más codependencia

Y las cosas son igual de malas para los habilitadores codependientes. Puede parecer que logran más que sus parejas, pero también están siendo retenidos de su pleno potencial. Los facilitadores sienten que su autoestima está enraizada en la necesidad que tienen y en su capacidad de ayudar - esta es una forma extremadamente poco saludable de determinar el valor de uno. Aquellos con esta mentalidad tienen dificultades para reconocer y vocalizar sus propias necesidades porque constantemente piensan que las necesidades de otros son más importantes. ¿Puede alguien ser verdaderamente feliz si sus necesidades no están siendo satisfechas? Muchas parejas codependientes permanecen juntas a largo plazo, pero al final, los facilitadores a menudo están resentidos y exhaustos por la vida que han vivido sirviendo a otra persona, con poco cuidado de sí mismos.

Dependencia vs. Codependencia

En una relación amorosa, se espera y es completamente saludable que ambos miembros de la pareja dependan el uno del otro. ¡De esto se trata estar en una relación! Desafortunadamente, muchas parejas codependientes que no ven sus formas disfuncionales piensan que solo tienen una dependencia saludable. Si usted no está bien versado en los patrones de codependencia, puede ser difícil distinguir entre los dos. Para ayudarle a diferenciar entre dependencia y codependencia, comparemos los dos tipos de comportamiento.

Ejemplo #1

Dependiente: La pareja A está pasando por un momento difícil y la pareja B se siente mal por ellos. En un intento de animar a la Pareja A, la Pareja B hace algo especial con la esperanza de que haga una diferencia positiva. B" entiende que no puede cambiar nada, pero quiere al menos traer una sonrisa a la cara de "A".

Codependiente: Cuando la pareja A comienza a pasar por un momento difícil, la pareja B siente que necesita ayudar a la pareja "A" a resolver el problema. La pareja B hará todo lo posible para que su pareja se sienta mejor. Cuando los intentos no parecen estar funcionando, la Pareja B comenzará a sentirse inútil, como si no pudiera hacer nada bien. A menos que pueda aliviar el sufrimiento de la pareja A, siente una frustración extrema consigo mismo.

Ejemplo #2

Dependiente: La pareja B quiere pasar un día solo en la naturaleza para desanimarse después de una semana de trabajo agotadora. Le dice a la Pareja A su plan y ella le anima a hacer lo que sea necesario para cuidar de su estado mental. Pasa el día disfrutando de sus propios pasatiempos mientras su pareja se relaja sola. Cuando se reúnen al final del día, se sienten refrescados después de un tiempo a solas y felices de verse.

Codependiente: La pareja B necesita angustiarse sola, pero está nerviosa de preguntarle a la pareja A en caso de que ella se lo tome a mal. Cuando finalmente le pregunta a la Pareja A si pueden pasar un día separados, ella se ve triste, pero a regañadientes le permite ir. Mientras están lejos el uno del otro, están ansiosos. La pareja B comienza a sentirse culpable por dejar a la pareja A y piensa que fue una mala idea. Cuando se reúnen al final del día, la pareja A se enfurruña y trata de culpar a la pareja B por irse. Sintiéndose mal, la pareja B siente que tiene que arreglarlo y compensarla.

Ejemplo #3

Dependiente: Ambas partes expresan lo que necesitan para sentirse valoradas y atendidas en la relación. Cada persona da a conocer sus pensamientos y sentimientos mientras el otro escucha atentamente y piensa en la mejor manera de satisfacer las necesidades de su pareja.

Codependiente: La pareja A expresa sus necesidades mientras que la pareja B escucha atentamente y trata de ayudar. Se considera que la pareja A tiene necesidades más urgentes, ya que su estado emocional es más frágil. La pareja B puede sacar a relucir sus preocupaciones, pero esto se deja de lado porque cree que la pareja A frágil tiene necesidades más importantes. La Pareja A está de acuerdo en que sus necesidades son más importantes.

Puede ser extremadamente difícil para la gente admitir la codependencia. El hecho es que las parejas codependientes a menudo tienen intenciones puras en el corazón; simplemente quieren ayudar a sus seres queridos y aliviar su sufrimiento. Sin embargo, los resultados no son menos contraproducentes. En la mayoría de los casos, la dinámica hace mucho más daño que bien a ambas partes involucradas. Si usted piensa que podría estar en una relación de codependencia, es vital que lo reconozca lo antes posible.

Signos de que usted es el habilitador en una relación de codependencia

El cuidador o "dador" en una relación codependiente también se llama el "habilitador". Esto se debe a que, a través del cuidado excesivo, están permitiendo el comportamiento autodestructivo de su pareja. Si marca tres o más de las siguientes casillas, lo más probable es que usted sea el habilitador de su relación.

Usted se rinde constantemente

Cuando su pareja necesita o quiere algo, usted siempre se encuentra cediendo y haciendo lo que ellos quieren. A veces se sentirá irrazonable y usted puede incluso resentirse por ello - pero usted continúa cediendo de todos modos. Terminas desechando tus sentimientos para cuidar de tu pareja o para mantener la paz.

Usted asume la responsabilidad de sus acciones

Cuando una pareja necesitada hace algo mal o muestra un comportamiento negativo, un codependiente puede encontrarse asumiendo la responsabilidad por ello. En lugar de ver a su pareja como la única persona culpable, creerán que ellos influyeron en ese comportamiento. Los dadores codependientes constantemente ponen excusas a sus parejas e incluso pueden culparse a sí mismos por ello.

Usted realiza tareas simples que deberían estar haciendo por sí mismos

Es normal cuidar a nuestras parejas, pero ¿con qué frecuencia se te pide que nos ayudes con tareas sencillas que cualquier otro adulto puede realizar sin problemas? ¿Es usted la persona que alimenta a su pareja? ¿Tiene que despertarlo constantemente para que no lleguen tarde a las citas? ¿Termina haciendo las tareas que se suponía que debía hacer su pareja?

Siempre estás intentando arreglarlo todo

No puedes evitarlo. No importa lo que pase, siempre estás tratando de satisfacer necesidades que pueden o no existir. Si su pareja no se siente mejor, usted siente que es su responsabilidad hacer que se sientan mejor. Puede que te encuentres anticipándote a sus necesidades e incluso intentando arreglar algo que no necesita ser arreglado. En cualquier caso, cuando su pareja necesita algo, usted siempre está haciendo todo lo que puede para mejorarlo, incluso cuando no están haciendo nada para ayudarse a sí mismos.

Con frecuencia tiene que pedir la aprobación de su pareja

Por una razón u otra, no sientes que puedes hacer lo que te plazca. Si quieres tomar una decisión por ti mismo o tener algún tiempo libre, sientes que necesitas comprobar si tu pareja está de acuerdo con esto. La razón detrás de este comportamiento es probable que sientas que tu pareja te necesita y la idea de que tu pareja esté sola te hace sentir culpable. Al obtener la aprobación de su compañero, se elimina esta culpa.

Usted ve a su pareja como indefensa

Sea honesto con usted mismo aquí. Imagine que su pareja se queda con sus propios dispositivos durante toda una semana. Tal vez se vaya en un viaje importante a un lugar con una recepción telefónica mínima.

No más codependencia

Su pareja tendrá que hacer todo por su cuenta y cuidar de sí mismo sin ninguna ayuda externa. ¿Qué tan preocupado te hace este pensamiento? ¿Confía en que su pareja podrá cuidar de sí misma y funcionar correctamente sin usted? ¿Podrán mantenerse alejados de sus malos hábitos, comer y dormir bien, y llegar a tiempo a las citas importantes? Si respondiste no a alguna de estas preguntas, admítelo ante ti mismo: crees que tu pareja está indefensa.

Cuando no cuida a su ser querido ser querido, se siente como una mala pareja

Al final del día, sigues dando y permitiendo porque la alternativa te hace sentir culpable. Le preocupa que, si establece límites, esto empeorará las cosas para su pareja. Usted siente que su pareja realmente lo necesita y la idea de no ayudarlo con sus actividades diarias es como tirarlo por la borda al mar. Usted está acostumbrado a proporcionar ayuda y cuando no lo hace, se siente como si hubiera hecho algo terrible.

¿Está en etapa denegación?

Uno de los principales obstáculos en las relaciones codependientes es la negación. Es un síntoma central de la codependencia. Incluso con el consejo de un experto frente a usted, nada ayudará a su situación si no puede admitir que algo anda mal. Una de las razones por las que se permite que la codependencia continúe es porque ambos miembros de la pareja se niegan a aceptar su ciclo insalubre. Antes de que las disfunciones puedan ser tratadas, es esencial que ambos miembros de la pareja dejen de vivir en la negación de sus malos hábitos o de la gravedad de sus efectos. Estas son las señales de que has estado viviendo en la negación.

Descarta sus propios sentimientos e instintos

Ya ha pasado antes. Ha sentido algo que lo empuja a la cabeza, diciendo: "No debería ser así" o "Esto no se siente bien". En lugar de profundizar en el tema, siempre decides dejar de lado este sentimiento. Se dice a si mismo que no es importante o que el sentimiento es completamente tonto, aunque no es la primera vez que se siente así. Si a menudo tiene que desestimar sus instintos, pensamientos o sentimientos, entonces hay una buena probabilidad de que esté en negación. Si un sentimiento continúa resurgiendo, lo más probable es que su intuición sea correcta.

Solo estás esperando el cambio.

Tal vez usted ha admitido que necesita un cambio. ¿Qué pasa después de esa admisión? ¿Usted y su pareja toman medidas para remediar la situación inmediatamente? ¿O solo te sientas y te dices a ti mismo que cambiará con el tiempo? Confiar en las influencias externas u otras personas para cambiar es otra señal de alerta que está negando, especialmente si ha estado "esperando" durante un tiempo bastante largo. Esto demuestra que has renunciado a tu poder para crear cambios. En lugar de progresar usted mismo, está esperando a que caiga del cielo. Las personas que hacen esto tienden a negar lo mala que es su situación.

Todo el mundo ve un problema que usted no ve

¿Hay personas en su vida que insisten en que su relación es profundamente defectuosa? Cuantas más personas te hayan dicho esto, mayor será la probabilidad de que estén en lo cierto. Si usted no puede ver este problema, probablemente está en negación de su existencia. Cuando estamos atrapados en un patrón disfuncional, a veces puede ser difícil señalarlo. Sin embargo, las personas que están fuera de su relación pueden ver el panorama general. Y las personas que están cerca de usted lo conocerán mejor y lo que es mejor para usted. Si usted constantemente se encuentra defendiendo su relación con amigos y familiares cercanos, existe la posibilidad de que usted esté en la negación de que lo que ellos están diciendo es verdad.

La negación nos protege de una dura verdad. Al fingir que no nos damos cuenta de algo, sentimos que existe la posibilidad de que lo ignoremos y lo eliminemos. Esto no podría estar más lejos de la verdad y, de hecho, la negación puede causar más daño que bien. Si quiere

No más codependencia

continuar sanando su relación, corte su negación de raíz ahora mismo. El cambio solo llega cuando se enfrenta a la realidad.

Capítulo 2: Entendiendo las Personalidades Codependientes

Lo que muchas personas no se dan cuenta es que se necesitan dos personalidades dependientes para crear una relación de codependencia. Estas personalidades son distintas, pero tan problemáticas como las demás. Los que están fuera de la relación tienden a culpar a la persona más necesitada, pero el hecho es que no es solo culpa de una persona. Ambas personalidades tienen sus propios rasgos disfuncionales, se manifiestan de maneras muy diferentes. Cuando se juntan, se activan los peores instintos de estas personalidades. El comportamiento insalubre de una pareja es exactamente lo que la otra persona necesita para satisfacer su propio comportamiento insalubre. Así es como comienza el ciclo codependiente y por eso a menudo es difícil de detener.

Para crear una dinámica más saludable, es esencial que las parejas reflexionen sobre sí mismas. A estas alturas, debería estar claro cuál de los dos papeles distintos desempeña cada persona en la relación. Esta identificación es el primer paso. Cuando ambas partes son conscientes del papel que desempeñan en la dinámica, finalmente se puede llegar a una mayor comprensión de lo que cada persona puede hacer para sanar el problema. Es importante que ambas personalidades sean consideradas con igual importancia. Para empezar a progresar, ambas personalidades deben ser estudiadas y comprendidas. Todo empieza contigo.

Decodificación del Habilitador

En algún momento de la infancia del facilitador, se les hizo creer que sus necesidades son siempre secundarias. En los primeros estudios sobre la codependencia, se creía que las tendencias habilitadoras provenían de crecer con un padre alcohólico, pero hoy en día, los expertos están de acuerdo en que puede haber muchas causas.

No más codependencia

Alcohólicos o no, estos problemas suelen ser el resultado de un padre necesitado o de otro modo no disponible. Si bien es posible que el facilitador haya sido objeto de abuso emocional o físico, no siempre es así. A menudo, simplemente crecieron en medio de una dinámica familiar altamente disfuncional, y esto puede o no involucrar a un miembro de la familia con enfermedades físicas o mentales. Estos codependientes no recibieron una atención emocional adecuada, por lo que se acostumbraron a que sus necesidades no fueran satisfechas. La mayoría de los niños crecen recibiendo mucha validación positiva; en el caso del facilitador, probablemente no recibieron mucha validación en absoluto. Esto resulta en un individuo que, por defecto, no se siente muy importante. En cambio, han aprendido a encontrar la validación a través de otra persona.

En el caso de un familiar necesitado o enfermo, el facilitador puede haber tenido algunas responsabilidades de cuidado, solidificando así su comodidad al asumir un rol de cuidado más adelante en la vida. Cualquiera que sea la historia de su infancia, una cosa es absolutamente cierta: a los codependientes se les ha enseñado que su valía y su valor están directamente relacionados con lo mucho que agradan a los demás y lo bien que pueden cuidar de los demás. Esta creencia errónea es exactamente lo que crea disfunción en este tipo de personalidad. En un esfuerzo por sentirse dignos y bien consigo mismos, buscarán situaciones en las que ofrezcan algún tipo de ayuda. Los facilitadores más heridos pueden incluso sentir que cuanto más se pierde la causa, mayor es la recompensa. Esto puede llevarlos a relaciones desastrosas, creando traumas severos, y solo empeorando la disfunción. Aun así, muchos de estos facilitadores profundamente heridos continúan tratando de servir, creyendo que el problema es de ellos y no de su pareja. Es un círculo vicioso que solo termina cuando llega la autoconciencia.

Es importante tener en cuenta que algunos facilitadores actúan a partir de problemas de abandono profundo donde sienten que deben hacer todo lo posible para hacer feliz a su pareja, de lo contrario serán abandonados. El "abandono" aquí no significa necesariamente una ruptura. Si el facilitador sufrió la muerte de un padre enfermo, puede que ayude en exceso a su pareja enferma, alimentada por el miedo subconsciente de que tendrán la misma experiencia una y otra vez.

Si usted es un habilitador en busca de recuperación, es vital que averigüe de dónde proviene esta necesidad de sobre ayuda. ¿En qué momento de su vida le enseñaron que sus necesidades eran menos importantes? ¿Quién era la persona cuyas necesidades tenían prioridad sobre las suyas? Una vez que haya identificado este detalle esencial, puede comenzar a separar ese incidente de su relación actual.

Comprensión de la pareja habilitada

Al estudiar relaciones codependientes, el individuo habilitado puede ser mucho más difícil de decodificar. ¿Por qué? Porque, aunque todos los habilitadores poseen intenciones y finales similares, sus contrapartes habilitadas pueden tener motivos y causas muy diferentes. Muchos crecieron siendo mimados o mimados cuando eran niños, así que empezaron a esperar el mismo trato de otras personas cercanas a ellos. Pero la otra cara de la moneda también es posible, ya que pueden haber sido descuidados cuando eran niños, lo que hace que se vuelvan hacia conductas que buscan la atención. Si fueron mimados cuando eran niños, es posible que no reconozcan la realidad de su situación. Ellos pueden pensar que es completamente normal que los esperen de pies y manos porque así es como han sido tratados toda su vida.

Muchas personas capacitadas sufren de una adicción, una enfermedad física o una condición de salud mental. En lugar de dar pasos hacia la recuperación, se sintieron demasiado cómodos o incluso empezaron a disfrutar de estar en una posición en la que tenían que ser atendidos. Debido a las tendencias de ayuda del facilitador, nunca se les exige que se ayuden a sí mismos. En una persona que sufre de una aflicción física, esto puede significar que se niega a levantarse y recuperar cosas para sí misma, incluso si es plenamente capaz. O pueden empezar a esperar que otros cocinen para ellos, incluso si tienen la fuerza y los recursos para hacerlo por sí mismos. O pueden tomar una licencia prolongada del trabajo, insistiendo en que están demasiado enfermos o enfermos, incluso si todas las pruebas demuestran que están perfectamente bien.

Dado que sus antecedentes pueden variar mucho, es importante examinar su infancia. Observe su relación con sus cuidadores principales. ¿Fueron malcriados de alguna manera o se les descuidó por completo? A continuación, se presentan algunos estudios de casos para ayudarle a comprender mejor los antecedentes de la pareja habilitada.

Casos de Estudio

Para proteger la privacidad de las personas involucradas, no se han utilizado nombres reales.

- María recuerda haberse sentido descuidada en su infancia. Su hermano pequeño sufrió un sinnúmero de complicaciones de salud tan pronto como lo trajeron a casa desde el hospital. Naturalmente, recibió más atención de sus padres. Ella recuerda haber estado sola con su niñera durante días mientras sus padres se quedaban en el hospital con su hermano enfermo. Eventualmente, su hermano mejoró, pero la dinámica fue siempre la misma, con él recibiendo mucha más atención que ella. Cuando era adolescente, admite haber exagerado los síntomas de una enfermedad porque quería obtener más atención de sus padres. Este plan tuvo éxito. De repente, sus padres comenzaron a darle la misma atención que le daban a su hermano. Preocupada por volver a ser "ignorada", continuó actuando indefensa y enferma porque aprendió que esta era la mejor manera de hacer que otros la cuidaran. Finalmente, Mary entró en una relación codependiente. Su compañero hizo todo lo posible para ayudarla porque él creía que estaba muy enferma e incapaz de cuidarse sola. Para romper esta codependencia, Mary

No más codependencia

tuvo que aprender que había otras formas más satisfactorias de recibir el afecto de la gente.

- Desde que Juan tiene memoria, siempre se le ha dado lo que ha querido. Venía de una familia extremadamente privilegiada y nunca tuvo que mover un dedo para hacer nada. Ni siquiera reconoció en qué posición de privilegio se encontraba; solo pensó que era completamente normal. Si necesitaba algo, siempre había un ayudante disponible o sus padres podían pagar fácilmente por una solución. Además de este privilegio, también era hijo único y no tenía a nadie por quien luchar. Su madre, en particular, lo mimaba y a él le gustaba que lo mimaran. Finalmente, entró en una relación de codependencia con una persona que creció cuidando a un padre alcohólico. Naturalmente, ella se convirtió en la facilitadora de John. Ella no le permitía hacer nada, ocuparse de todas sus necesidades mientras él se ocupaba de las responsabilidades financieras con el dinero de la familia, pero nada más. Cuando finalmente tuvieron hijos, la pareja de John se encontró agotada y agotada. Nunca la ayudó con nada y en vez de eso esperaba que ella también lo ayudara a él. Como Juan estaba muy acostumbrado a que una mujer le permitiera estar en su vida, le fue difícil darse cuenta de que tenía maneras codependientes y profundas.

Como se ha demostrado, las parejas habilitadas pueden ser criadas de maneras muy diferentes. Lo que siempre tienen en común, sin embargo, es que se les enseña a equiparar el afecto y el amor con ser tratados como indefensos. En el caso de María, ella comenzó a sentir que la única manera de llamar la atención de sus padres era estando enferma. En el caso de Juan, él sintió que ayudar en exceso y ser mimado *era* amor por la forma en que sus padres, especialmente su madre, lo trataban. En algún momento del camino, las líneas se volvieron borrosas con su cuidador principal.

No más codependencia

Para ayudar a la pareja habilitada en su relación, vea si puede identificar dónde se originaron estos sentimientos en su infancia. ¿Su pareja es más una María o un Juan?

Trastorno de Personalidad Narcisista y Boderline

Cuando se trata del Trastorno Narcisista y del Trastorno de Personalidad Boderline, el abuso emocional y psicológico suele estar presente en el trabajo. Los individuos con estos trastornos de personalidad siempre están en la posición de habilitado, nunca en la de habilitador. La codependencia se vuelve infinitamente más tóxica cuando estas personalidades están involucradas. Los narcisistas se sienten con derecho a una pareja obediente e incluso pueden disfrutar viendo cómo el facilitador tropieza con ellos, tratando de hacer todo lo posible para cumplir con todos sus caprichos. De hecho, un habilitador es el compañero perfecto de un narcisista. El narcisista quiere sentirse especial y como si todo el mundo girara en torno a ellos, y allí el habilitador les está mostrando exactamente eso. El habilitador de un narcisista a menudo se denomina "co-narcisista".

Las personalidades Boderline pueden ser igualmente dañinas para el facilitador; son propensas a sentimientos de traición y abandono. En la personalidad Bordelinde, el habilitador ve a una víctima que finalmente puede salvar. La personalidad Borderline quiere un héroe o salvador y es natural que el habilitador desempeñe ese papel. Desafortunadamente, lo que el facilitador no se da cuenta es que esto es parte del patrón destructivo de la personalidad Borderline. Nunca serán verdaderamente el héroe en la historia porque la Borderline siempre se sentirá traicionada y abandonada por algo. La inestabilidad emocional inherente a este trastorno de personalidad significa que el facilitador nunca tendrá éxito en su intento de salvar. La personalidad Fronteriza tiene asuntos que son solamente su propio problema para resolver - el habilitador debe reconocer esto tan pronto como sea posible.

No más codependencia

Es mucho más difícil para alguien con un trastorno de personalidad cambiar. A menos que estas parejas sean conscientes de sí mismos y estén comprometidos con la autotransformación, existe una alta probabilidad de que continúen participando en su patrón habitual. Y con una personalidad Narcisista o Limítrofe, este patrón puede ser altamente destructivo. Si usted es un habilitador de uno de estos tipos de personalidad, reconsidere su participación en la relación o invierta en terapia de pareja.

Trastorno de personalidad dependiente

El trastorno de personalidad más común que se encuentra en las relaciones de codependencia es -usted lo adivinó- el Trastorno de Personalidad Dependiente. Aquellos con este trastorno de personalidad pueden caer en la posición de habilitador o habilitado. Las personalidades dependientes tienden a sentir ansiedad y miedo cuando están solas. Naturalmente, recurren a otras personas para satisfacer todas sus necesidades emocionales y psicológicas. Sin la aprobación, validación o ayuda de otras personas, los Dependientes se sienten como un pez fuera del agua.

En su forma más severa, las personalidades dependientes pueden tener dificultades para funcionar en su vida diaria sin algo presente. Esto puede llevarlos a eludir sus responsabilidades y volverse completamente pasivos. Cuando se quedan solos, pueden sentirse extremadamente indefensos. Como es de esperar, las personalidades Dependientes toman las rupturas más duramente que el individuo promedio. Pueden sentirse totalmente devastados hasta que encuentran a alguien más que ocupe el lugar de su expareja. Cuando un facilitador sufre de este trastorno, puede ser extremadamente competente mientras está en una relación, pero siente que no tiene sentido si no tiene a alguien.

Este desorden no solo afecta la esfera romántica de la vida del Dependiente. De hecho, todos los que conocen al individuo experimentarán su dependencia. Los amigos, la familia, y tal vez hasta los compañeros de trabajo y los jefes verán este lado de la persona dependiente.

5 tipos de Personalidades Dependientes

El reconocido psicólogo Theodore Millon, puede ser acreditado con la identificación de los cinco tipos distintos de personalidades dependientes en adultos. Mientras que todos los Dependientes compartirán rasgos similares, cada tipo mostrará su propio comportamiento y estrategias únicas para obtener lo que quieren. Si usted cree que usted o su pareja tienen Trastorno de Personalidad de Dependiente, vea si puede averiguar de qué tipo son. Es posible tener síntomas que pertenecen a unos pocos tipos diferentes, pero por lo general solo hay uno que domina.

- **El dependiente inquieto**

El subtipo inquieto está forjado con ansiedad e inquietud. Temen el abandono de las personas que los rodean y sienten una intensa soledad cuando no están con una figura que los apoye. Los sentimientos de inadecuación son desenfrenados y a menudo son muy sensibles al rechazo.

- **El Dependiente Inmaduro**

Las personas a cargo de este subtipo tienden a ser infantiles, especialmente frente a las responsabilidades cotidianas. A pesar de ser adultos, les resultará difícil hacer frente a las expectativas típicas de los adultos. El tipo inmaduro necesita una cantidad significativa de "bebé", ya que puede ser ingenuo y carecer de habilidades generales para la vida.

- **El dependiente complaciente**

Este tipo se caracteriza por una benevolencia extrema y, como su nombre indica, una tendencia a ser demasiado acomodaticio. Estos individuos se esfuerzan por complacer a los demás y parecerán increíblemente agradables. Naturalmente, asumen un papel de sumisión y rechazan todos los sentimientos incómodos. Estos tipos pueden ser muy amables y amables con todos los que los rodean.

No más codependencia

- **El Dependiente Desinteresado**

El subtipo Desinteresado tiene muchas similitudes con el subtipo Acomodación, pero hay una mayor inclinación a abandonar su identidad individual y fusionarla con la de otra persona. Cuando no se les controla, serán absorbidos por otra persona y vivirán como una mera extensión de ellos. De todos los tipos, es más probable que estos Dependientes parezcan no tener personalidad.

- **El Dependiente Ineficaz**

Al igual que los dependientes inmaduros, los ineficaces no enfrentan bien las dificultades y las responsabilidades. Sin embargo, los inefectivos irán un paso más allá, negándose a ocuparse de cualquier cosa que pueda resultar incómoda. Un cuidador es esencial para que funcionen en la vida. Son propensos a la fatiga y al letargo. Son improductivos y la mayoría de las veces, muy incompetentes. En ocasiones, los Dependientes Ineficaces pueden incluso luchar con sentimientos de empatía y en su lugar ser superados por una apatía general hacia su vida, incluyendo cualquier deficiencia.

No importa el subtipo, todas las personas que padecen este trastorno de la personalidad pueden mejorar con la terapia y el trabajo autónomo comprometido. De hecho, muchas personalidades Dependientes han encontrado niveles saludables de independencia después de un tratamiento suficiente. Si usted siente que su codependencia está ligada a este trastorno, tenga la seguridad de que esta condición no tiene por qué dictar su vida.

Heridas comunes de ambas personalidades

Todas las personalidades dependientes pueden manifestar un comportamiento variable, pero en su mayor parte, están enraizadas en heridas psicológicas similares. Con la excepción de algunos tipos de Personalidad Narcisista y Boderline, los individuos codependientes tienen baja autoestima e inseguridades fuertes. Al final del día, ambos miembros de la pareja sienten que se necesitan desesperadamente el uno al otro para sentirse completos. La única diferencia es que se necesitan diferentes tipos de comportamiento para lograr esta sensación de culminación - una sensación que nunca dura mucho tiempo porque siempre depende de alguien más para llenar esta necesidad.

Por naturaleza, las personalidades Dependientes tienen problemas para formar y distinguir su propia identidad. No saben quiénes son realmente y tienen un bajo sentido de valor personal. Cuando se les pregunta acerca de sus fortalezas principales, muchos se encontrarán sin saber qué decir a menos que reciban retroalimentación de otra persona. Su defectuoso e incompleto sentido de identidad es exactamente la razón por la que se aferran rápidamente a otras personas. Ellos ven a esta otra persona como una especie de imagen en el espejo. Cualquier incertidumbre que sienten en su interior se resuelve mirando a esta otra persona y fusionándose con ella.

Para eliminar la tendencia de los dependientes a unirse a otra persona, es vital que aprendan cierto nivel de independencia. Deben experimentar el mundo sin una muleta para caminar por su cuenta. Su familia, amigos y parejas deben aprender a darles límites y un nivel saludable de apoyo. Sin desafíos, no pueden mejorar y crecer en su fuerza. La codependencia es una manera rápida y fácil de aplacar una herida profunda, pero nunca es una solución a largo plazo o duradera.

Comprender el estilo de apego ansioso

Cuando se trata de entender el enfoque que uno tiene de las relaciones, los estilos de apego pueden arrojar mucha luz sobre por qué ciertas personas se comportan de la manera en que lo hacen. En pocas palabras, nuestro estilo de apego nos muestra cómo conseguimos lo que queremos y las estrategias que usamos para satisfacer nuestras necesidades. Nuestros diferentes enfoques están determinados por nuestra infancia, específicamente nuestra relación con nuestro cuidador principal. Si usted tuvo un padre emocionalmente no disponible o uno que lo abandonó de alguna manera, esto afectará la manera en que usted se comporta en todas las relaciones futuras.

El estilo de apego ansioso es uno de los tres estilos dominantes y es el que se encuentra más comúnmente en individuos codependientes. El tipo ansioso se forma cuando un individuo experimenta un trauma durante el período de desarrollo de su vida. Por una razón u otra, su "espacio seguro" fue volcado o destruido. Su sentido de seguridad física o emocional se vio comprometido de manera significativa y puede haber resultado en una ruptura de confianza que alteró su vida. Este incidente traumático probablemente involucró abandono, violencia, abuso emocional u otras formas de trauma.

Como su nombre lo indica, el tipo ansioso ha desarrollado un profundo sentido de ansiedad en respuesta a las relaciones y la intimidad. Lo demuestren o no, hay una hipervigilancia de los signos de abandono alimentados por un intenso miedo a quedarse atrás de alguna manera. Estos tipos anhelan la intimidad y pueden incluso fantasear con la "pareja perfecta" mientras están solteros. En las relaciones, pueden recurrir a la manipulación o a juegos en tiempos de profunda inseguridad. Están más inclinados a ser pesimistas, imaginando el peor resultado, especialmente en lo que se refiere a sus relaciones cercanas.

El tipo ansioso es más propenso a terminar en una relación de codependencia porque tienen tendencia a anteponer las necesidades de su pareja a las suyas propias. Dado que el abandono es visto como el peor resultado posible, ellos naturalmente se esfuerzan por el extremo opuesto. A los ojos del tipo ansioso, la codependencia es un signo de amor profundo e intimidad sin igual. La idea de algo menos los asusta. La codependencia les permite sentir que tienen "pestañas" sobre todo lo que sucede en la relación. Este es un mecanismo para hacer frente a sus problemas de abandono. La cercanía de la codependencia les da la ilusión de tener el control total.

Las codependencias más unidas están formadas por dos personas con el mismo estilo de apego. Cabe señalar, sin embargo, que no todas las personas que poseen este estilo de apego presentarán signos de la misma gravedad. Como con todo, todas las personas están en un espectro. Aquellos con inclinaciones severas de Ansiedad necesitarán trabajar más duro para romper sus patrones destructivos.

Al final del día, sea cual sea el tipo o estilo de apego que posea, las lecciones que se deben aprender son las mismas. Si usted vio su comportamiento o el de su pareja reflejado en estas páginas, no se sienta desanimado por haber sido llamado. Solo concéntrate en las lecciones que tienes a mano y pronto te encontrarás a ti mismo evolucionando desde tus formas codependientes.

No más codependencia
Capítulo 3: Por el amor de los límites

Siempre que las palabras "límites" o "limitaciones" entran en la conversación, siempre se asocia con connotaciones negativas. La gente tiende a pensar que los límites llevarán a alguna forma de privación y que todo disfrute será despojado de sus vidas para siempre. Esto es, por supuesto, una idea ridícula. Los límites nos mantienen sanos y salvos. Son similares a las paredes de una casa, manteniendo una barrera saludable entre lo que es nuestro y lo que está *ahí fuera*. Los límites y las paredes no significan que vivimos en aislamiento o soledad; simplemente significa que empezamos a tener un mejor control sobre nuestros pensamientos, sentimientos y espacios. Sin fronteras, el mundo y nuestras vidas serían un caos. Empieza a ver la belleza de los límites. ¿Le gustaría vivir en una casa sin paredes? Apuesto a que no.

Una cosa clave con la que todos los codependientes luchan es - ¡lo adivinaste! - límites. Su tendencia a fusionar identidades con otro individuo significa que ya no aceptan su independencia. Empiezan a percibir la separación y la individualidad como ideas negativas. Las fronteras son incómodas y difíciles de establecer porque cualquier separación supone una amenaza para su tranquilidad. Ellos lo ven como estar solos indefinidamente en lugar de estar separados por un espacio saludable y temporal. Ya sea que te des cuenta o no, tu relación necesita desesperadamente límites. Evitar las molestias temporales ahora podría convertirse en una frustración duradera en el futuro. Tal vez incluso una relación arruinada. Muchas parejas que permiten que esto suceda miran hacia atrás con pesar, deseando haber sido fuertes cuando más importaba. No dejes que eso te suceda a ti ni a tu relación.

Para comenzar a sanar su codependencia, un paso necesario es comenzar a trabajar en límites más saludables y en la mentalidad que se necesita para hacerlos exitosos.

No más codependencia
5 maneras vitales de construir una fuerte autoconciencia

Antes de que se puedan establecer límites, es importante que usted reconozca cuáles son sus necesidades y, lo que es más importante, cuáles no se están satisfaciendo actualmente. Esto requiere autoconciencia. Como codependiente, algunas de sus necesidades serán difíciles de admitir. De hecho, es posible que incluso se encuentre en total desacuerdo. Siempre que surjan los impulsos de no estar de acuerdo o de defenderse, considere si esta respuesta está realmente enraizada en sus necesidades o si solo está reaccionando por miedo. Es muy común que los codependientes teman el desafío de la independencia. Sin embargo, para lograr el crecimiento y la verdadera felicidad, es esencial que aceptes este desafío. La autoconciencia lo mantendrá firme y alerta sobre lo que necesita para sentirse completamente satisfecho.

1. **Escriba sus pensamientos**

    Trate de hacer el hábito de escribir sus sentimientos y pensamientos. Observe cuando surge una emoción y tome nota de lo que trae esto a colación. Esta vez para concentrarte en tu mente te entrenará para estar más en sintonía con lo que sientes y piensas. A veces no nos damos cuenta porque nunca nos tomamos el tiempo para experimentar realmente nuestro mundo interior. Asegúrate de que lo que escribes no gira completamente en torno a tu pareja. Concéntrate en lo que sientes. Escriba sobre otras esferas de su vida o temas que le interesen en el mundo más amplio. Siéntase libre de escribir en un diario o simplemente en un documento de Word en su computadora. Dondequiera que usted elija escribir, el beneficio es el mismo.

2. **Visualice su ser ideal**

    La mejor parte de este ejercicio es que se puede hacer en cualquier lugar, en cualquier momento, y puede tomar tan solo unos minutos. Para obtener los mejores resultados, sin embargo, le aconsejamos que lo haga a primera hora de la mañana o justo antes de acostarse, ya que es cuando es probable que su mente esté menos agitada. Cierre los ojos y empiece a formar una imagen mental de su yo futuro. ¿Cómo es su yo ideal? ¿Qué ha logrado él o ella que le enorgullezca? ¿Cuáles son las mayores fortalezas de su ser ideal? ¿Cómo actúa ante los desafíos de la vida? Ahora, imagine que este yo ideal es realmente a quien estás mirando en el espejo. Ya es su yo ideal. Acepte las fortalezas que desea tener. Ellos ya están en usted esperando ser desbloqueados.

Este ejercicio no solo le da poder, sino que también le permite ver cuáles son sus verdaderos valores. Y lo más importante, te permite reconectarte con tus sueños y tu propósito. No es necesario decir que, mientras realiza este ejercicio, es importante que mantenga todas sus visualizaciones estrictamente sobre usted y que no esté involucrado con su pareja.

3. **Pídale a alguien su opinión**

La idea de pedirle a alguien su opinión puede parecer aterradora, pero es una de las mejores maneras de recibir una visión honesta. Asegúrese de elegir a alguien que lo conozca razonablemente bien y en cuya opinión confíe. Además, asegúrese de que la persona con la que hable sea capaz de ser constructiva. Manténgase alejado de cualquier persona en su vida que sea demasiado crítica o poco amable. Puede hacerlo en persona, por teléfono o incluso por correo electrónico. Pregúntele a esta persona cuáles son sus fortalezas y dónde cree que están sus áreas de crecimiento. Cuando recibas esa retroalimentación, piénsalo bien. Acepte sus fortalezas y también mire sus áreas de crecimiento de una manera práctica y sensata. Cuando avance en su crecimiento personal, trate de trabajar en estas áreas lo mejor que pueda.

4. **Haga diferentes pruebas de personalidad**

Ya sea la prueba de Myers-Briggs, un análisis FODA o una prueba de eneagrama, trate de divertirse con algunas pruebas de personalidad diferentes. El objetivo aquí es conocerse un poco mejor y solidificar su sentido de sí mismo. Estas pruebas no solo te darán nuevas perspectivas sobre tus atributos de personalidad, sino que también te indicarán fortalezas que quizá nunca hayas considerado antes. Identificar su tipo de Myers-Briggs y Eneagrama le ayudará a poner sus necesidades en palabras, y le darán una idea mucho mejor de dónde necesitará establecer algunos límites. Si descubre que es profundamente introvertido, puede darse cuenta de que el tiempo a solas y la soledad son muy importantes para usted. O tal vez es lo contrario y se da cuenta de que es más tiempo social con los amigos lo que necesitas desesperadamente en su vida. Tenga en cuenta estas necesidades recién identificadas y planee hacerlas una prioridad en su nuevo capítulo no dependiente.

5. **Monitoree su diálogo Interno**

Todas las personas se hablan a sí mismas y, aunque no nos demos cuenta, estamos fuertemente influenciados por la manera en que nos hablamos a nosotros mismos. Presta atención a tu diálogo interno cuando te enfrentes a diferentes eventos y decisiones. Cuando haces algo mal, ¿qué dice la voz de tu cabeza? Cuando haces algo bien, ¿te das el aliento positivo que mereces o le das a alguien más el crédito? Tome nota de los patrones en su diálogo interior. Fíjate cuando estás siendo duro contigo mismo.

En vez de menospreciarte por tus fracasos, trata de ser constructivo y muestra compasión. Si puede, piense en una solución en lugar de un desprecio. Si olvidó pagar su cuenta de teléfono de nuevo, no se preocupe por su olvido. Sea amable con usted mismo; quizás ha estado estresado o trabajando duro en otra cosa. ¿Qué puede hacer para evitar que esto ocurra en el futuro? Tal vez podría crear recordatorios en su teléfono o dejar notas adhesivas de colores brillantes en el refrigerador. Trate de pensar en la solución en lugar de en el problema.

"Entonces, ¿dónde exactamente debería trazar la línea?"

Utilizando las ideas de la sección anterior, es posible que haya tenido algunas ideas para los límites que puede establecer. ¡Te animo a que corras con estos y los hagas realidad! Si aún no tiene ideas claras, no se preocupe. Usted es codependiente y puede que no esté acostumbrado a pensar en términos de sí mismo todavía. Aquí hay algunas ideas de dónde puedes dibujar algunos límites:

No más codependencia

1. Tiempo juntos

En las relaciones codependientes, es muy común que ambos socios pasen una cantidad exorbitante de tiempo juntos. Este es un buen lugar para empezar cuando estás pensando en dónde poner límites. Si se ven todos los días, sugiera pasar uno o dos días separados para concentrarse en sus pasatiempos individuales. Si viven juntos, esto puede significar pasar el día en diferentes áreas y solo verse por las tardes. Si no es realista pasar días enteros separados, considere modificar su rutina diaria para pasar unas horas en un área aislada de la casa.

2. Tareas domésticas

Es muy común que el facilitador se haga cargo de la mayoría de las tareas domésticas. Después de todo, son las parejas más activas en la relación. Una buena manera de establecer un mayor equilibrio en su dinámica es añadiendo más justicia a sus tareas domésticas. Este aspecto de vivir con una pareja es fácilmente pasado por alto, pero es un gran significante de equilibrio o desequilibrio en la relación. Si usted tiende a hacer la mayoría o todas las tareas, dígale a su pareja que ya no tendrá que soportar la mayor parte de la carga. Insista en hacer la mitad de las tareas cada uno. Si usted está inclinado a ser más gentil con ellos, podría incluso dejarles elegir qué tareas preferirían hacer. Asegúrese de cumplir con este nuevo arreglo dándoles recordatorios frecuentes o colocando una lista de tareas.

3. Malos hábitos

Este es uno grande en las relaciones codependientes. Las parejas capacitadas siempre tienen algún mal hábito que está creando tensión en la relación. Podría ser algo tan importante como una adicción a las drogas o algo menos importante como la pereza general. Dibujar límites alrededor de los malos hábitos es esencial en una relación de codependencia, especialmente si te está afectando de alguna manera. Sea firme con este límite, pero también piense en maneras de apoyarlos a través de este límite. Si necesitas que tu pareja vaya a las reuniones de AA, considera ser la persona que la lleve a cada reunión. Si quieres que tu pareja consiga un trabajo, ayúdales a buscar trabajo y a preparar un currículum deslumbrante. Si hay pequeños hábitos que le molestan, considere la posibilidad de trazar límites allí también. ¿No le gusta cuando su compañero deja sus calcetines sucios en el sofá? ¡Comience a establecer ese límite!

4. Comunicación verbal: lenguaje y tono

La comunicación verbal es difícil de dominar y es posible que tu pareja tenga tendencias que realmente te molesten. Tal vez incluso más que eso - tal vez los encuentres hirientes y perturbadores. Si tu pareja te habla de una manera que te molesta, no dudes en decirlo, especialmente si te insultan, levantan la voz, se burlan de ti o te menosprecian en momentos de ira. Los límites en torno a los estilos de comunicación contraproducentes pueden ser más difíciles de implementar ya que estas decisiones se toman de improviso, pero estoy dispuesto a apostar que hasta ahora no has luchado. El solo hecho de llamar y decirle a su pareja que ya no lo tolerará puede ser suficiente para detenerlo.

5. Toma de decisiones y planes

Si una persona en su relación constantemente toma un papel dominante, es probable que esa persona tome la mayoría de las decisiones. Algunos de estos pueden incluir en qué actividades participar, qué comer, a dónde ir y a quién ver. Si su pareja tiende a salirse con la suya cuando se trata de hacer planes, trate de señalar este hecho. Dibuje límites sobre la frecuencia con la que pueden dominar sus planes compartidos. Sugiera compartir esta decisión o asignar ciertos días a su elección y a la de su pareja. Y si es usted quien tiende a dominar, tenga la fuerza para crear este equilibrio en su relación. Si su pareja se encoge de hombros ante la decisión y le pide que elija cada vez que lo haga, insista en que lo hagan. Pueden estar indecisos, pero más tarde, sabiendo que tomaron esta decisión, los empoderará en su propia vida.

6. Cómo gastar el dinero

Esta decisión es muy importante. La falta de límites en torno a las finanzas puede generar mucho resentimiento para las parejas que no aprenden a trabajar juntas. En una relación codependiente, existe una alta probabilidad de que un socio gaste más dinero que el otro o lo dedique a algo que sea destructivo para su propio estilo de vida. Tal vez usted tiene una pareja que está gastando todo su dinero en compras y no puede decir que no. O tal vez él o ella lo está usando para pagar por sus malos hábitos. Si el dinero va hacia una actividad o hábito contraproducente, comience a trazar límites aquí. Siempre hay mejores cosas en las que invertir. Mejore su futuro juntos. Piense en todo el dinero que podría haber ahorrado para una nueva casa, un nuevo televisor o incluso unas vacaciones juntos. Únase para establecer límites sobre cómo se gasta el dinero y cuánto; ¡no se arrepentirá!

4 preguntas para eliminar la culpa antes de establecer los límites

Cuando las parejas codependientes se enfrentan a la idea de establecer límites, inevitablemente sacan a relucir la culpa que sienten. Todo esto se remonta a la noción malsana de que los límites son poco amables. Las personas codependientes sienten que esto equivale a abofetear a su pareja o a decirle que retroceda. Vamos a aclarar esto ahora mismo: ¡el establecimiento de límites no es un rechazo! Cuando se hace correctamente, no se hieren los sentimientos y todos ganan. La falta de límites puede llevar a que la gente sienta resentimiento o frustración en el futuro - y esto puede hacer un daño real a una relación romántica.

Si bien es completamente normal que las personas codependientes duden a la hora de establecer límites, necesitan reconocer que este sentimiento debe ser superado. Si la idea de establecer límites con tu pareja te hace sentir incómoda, ¡está bien! Esto es solo una prueba más de que realmente eres codependiente. La buena noticia es que esta culpa puede ser eliminada con un poco de autorreflexión. Ahora, ¡vamos a trabajar!

- **"¿Cómo es que mi falta de límites me impide alcanzar mis sueños y metas?**

No más codependencia

Después de utilizar las sugerencias de la sección "Autoconciencia", piense en el camino entre donde está ahora y las metas que desea alcanzar. Ya sea que se dé cuenta o no, su falta de límites está creando un obstáculo. ¿Cómo se manifiesta exactamente este obstáculo? Esto no tiene que ser el gran sueño de su vida, también puede ser sus metas a corto plazo. Por ejemplo, digamos que usted ha querido empezar a hacer ejercicio para estar en mejor forma. Si usted no está creando límites en cuanto a dinero y tiempo, esto deja menos disponible para alcanzar estas metas. Si usted está comprando a su pareja codependiente cualquier cosa que él o ella quiera, y pasando cada minuto de cada día con ellos, ¿cómo va a permitirse una membresía en un gran gimnasio? ¿Cómo vas a encontrar el tiempo o la energía para empezar a hacer ejercicio? Reflexione sobre lo satisfactorio que sería lograr finalmente estos objetivos. ¿No sería una pena que dejaras que tu relación se interpusiera? ¿Cómo te sentirás más tarde en la vida cuando te des cuenta de que tu oportunidad ha terminado?

- **"¿De qué manera me sentiré más positivo después de poner estos límites?"**

Imagínese cómo se sentirá después de haber establecido con éxito estos límites. No tienes que nombrar estos sentimientos si no quieres. Solo experiméntalo mental y emocionalmente. Trata de ponerte en el lugar de su yo futuro. Podrían ser unas semanas o meses más adelante - siempre que sus límites hayan podido cosechar todos sus beneficios. Si está poniendo límites para tener más tiempo para sí mismo, piense en todas las cosas que lograrás con ese tiempo. Imagínese cómo se sentirá al ver lo mucho que ha logrado porque tuvo la fuerza para establecer esos límites. Si está considerando añadir más reglas a la forma en que se gasta el dinero, imagínese tener todo ese dinero extra en el futuro. ¿Qué vas a hacer con él? ¡Piense en las muchas cosas maravillosas a las que puede dedicar su dinero ahorrado! ¡Imagínese tomar unas vacaciones fantásticas con su pareja porque finalmente pudo restringir sus terribles hábitos de gasto!

- **"¿De qué manera crecerá mi pareja si pongo estos límites?"**

Piensas que estás ayudando al no poner límites, pero esto no podría estar más lejos de la verdad. Examinemos esa creencia defectuosa por un momento. ¿Qué te hace pensar que estás ayudando al dejar que hagan lo que les plazca? ¿Es porque en ese momento no les estás causando molestias o malestar? ¿Por qué el descontento a corto plazo es el enemigo y no la frustración o insatisfacción a largo plazo? Las personas crecen a través de los desafíos. Como pareja, no es su trabajo eliminar todos los desafíos; es su trabajo asegurarse de que su pareja tenga el apoyo necesario a través de los desafíos de su vida. El apoyo significa estar a su lado sin sacrificar su bienestar.

¿Qué mejorará su pareja a través de estos nuevos límites? ¿Cómo van a crecer? Si usted está tratando de ayudar a su pareja a dejar un mal hábito, piense en el crecimiento que verán una vez que finalmente lo dejen ir. Tal vez tengan mejor salud, más dinero y más tiempo para concentrarse en sus metas. Pueden aprender a ser más pacientes, más empoderados, e incluso pueden empezar a ser una mejor pareja hacia usted.

- **"¿Cómo será mi relación más fuerte después de mejores límites?"**

Con las respuestas a todas las demás preguntas en mente, reflexione sobre el impacto general que estos límites tendrán en su relación. Ahora ha identificado las formas en que se sentirá más positivo y el crecimiento que su pareja verá; ¿Qué significa esto para su relación en general? Su relación puede ser cómoda ahora, pero ¿qué pasa si su relación fue empoderadora en su lugar? Imagine lo que podrían lograr juntos.

Consejos esenciales para establecer límites saludables con éxito

1. **Agregar límites de la manera más fluida posible**

He aquí un consejo profesional para establecer límites con resultados positivos: entretejerlos a la perfección y no hacer de ellos un gran problema. Un error de principiante que cometen los nuevos fijadores de límites es acercarse al tema con un aire pesado y triste e infundir demasiada intensidad en la conversación. ¡No hay necesidad de tratarlo de esta manera! Si quieres reservar un día a la semana para hacer ejercicio, solo tienes que decir: "Oye, cariño, voy a empezar a concentrarme en ponerme en forma". ¡Me muero por ponerme en forma! Estoy pensando en hacer del sábado mi día de trabajo en solitario. Te va a encantar mi nuevo cuerpo caliente - ¡espera!" Fíjense qué casual y alegre es esto. Al traer nuevos cambios de esta manera, no se siente aterrador y serio. Es solo un pequeño cambio nuevo - ¡no es gran cosa! Es menos probable que tu pareja se preocupe y verás por ti mismo lo increíblemente normal que suena trazar límites.

2. Use lenguaje positivo

Si está tratando de sugerir más tiempo separados, *no* diga: "Cariño, creo que necesitamos pasar más tiempo separados. Me está volviendo loco y ya no puedo soportarlo". Este lenguaje negativo y emocional preocupará a su pareja. Recuerde que este no es un evento negativo, sino todo lo contrario. Su relación está evolucionando. Sea positivo y emocionado por su nuevo capítulo. Si estás hablando de tus nuevos límites con tu pareja, infunde en la conversación un lenguaje positivo. Concéntrese en los beneficios que verá en lugar de lo difícil que va a ser.

3. Asegure a su pareja

No hace falta decir que la primera conversación que tengas sobre los límites puede provocar un poco de ansiedad en tu pareja. Espere esto y no deje que lo desanime. Cuando esto suceda, asegúrese y recuérdele a su pareja que la razón por la que quiere estos límites es porque quiere mejorar su relación. ¿Por qué? Porque ama a su pareja y quiere asegurar su felicidad para el futuro que viene. Cuando su pareja parezca preocupada, continúe mencionando este hecho. La inacción es un significante mayor de nuestra apatía en una relación; si usted está tratando activamente de hacer mejoras, esto es evidencia de que realmente se preocupa por el futuro de su relación.

4. Manténgase firme y no vacile

Dado que los límites son nuevos en su relación, es posible que su pareja se retracte un poco. Prepárese con anticipación para saber cómo responderá. Hagas lo que hagas, mantente firme en tus afirmaciones y no retrocedas. Si usted parece ambivalente o incierto, esto solo aumentará las dudas de su pareja. Manténgase seguro y finalmente convencerá a su pareja de que esta es la mejor forma de actuar. Si su pareja es propensa a la manipulación o a los viajes de culpabilidad, haga preparativos adicionales para estas tácticas. A ver si puedes adivinar cómo se resistirán y conseguirán una respuesta efectiva. Tengan en mente los beneficios de sus límites y no permitan que los arrastren de regreso a sus viejos patrones destructivos.

5. No haga amenazas

Si su pareja no respeta los límites que usted ha alineado, es importante que haya algunas consecuencias para esto - pero solo maneje este resultado cuando ocurra. No haga amenazas en previsión de este evento. Por el momento, trate de creer que su pareja tomará en serio estos límites. Tan pronto como las amenazas entran en la conversación, usted comienza a desviarse hacia un territorio emocionalmente abusivo. Es absolutamente esencial que su pareja empiece a hacer cambios por amor a usted y a su relación, y no temer por las consecuencias con las que usted la ha amenazado. Amenazarlos infundirá mucha negatividad en la situación y solo empeorará la codependencia.

6. *Enfatice el cambio en ambos lados*

Si desea que su pareja coopere, evite que parezca que es la única persona que necesita cambiar. Recuerde, ambos están co-creando esta situación. Como establecimos en el capítulo anterior, se necesitan dos personalidades para formar codependencia. Incluso si usted siente que su pareja tiene más trabajo que hacer, es importante que usted también asuma la responsabilidad de sus acciones. Diles lo que vas a hacer como parte de este nuevo cambio. Es mucho más probable que su pareja responda positivamente si usted hace que parezca que este es un viaje en el que se están embarcando juntos. No los responsabilice únicamente a ellos.

7. **Cumpla con sus propias reglas**

Si va a poner límites en su relación, entonces usted también debe respetarlos. ¿Cómo puede esperar que su pareja los tome en serio si usted no lo hace? Es completamente injusto pedirle a su pareja que cambie y luego no hacer su propio trabajo. Si usted está tratando de restringir el hábito de drogas de su pareja, entonces es justo que usted controle su dependencia del alcohol. Una buena regla empírica es tratar cada límite que crees para tu pareja como un límite para ti también. No seas hipócrita. Mantenga el nivel del campo de juego en todo momento y escuche sus propias reglas. Usted ayuda a establecer el tono de la seriedad con la que se pueden tomar sus límites.

Capítulo 4: Desarrollando una poderosa autoestima

La salud general de una relación depende de los dos individuos que la componen. No es su propia entidad. Si eres una persona profundamente insegura, vas a llevar esas inseguridades a tu relación. Si estás celoso mientras estás soltero, también vas a ser un compañero celoso. Estos problemas no desaparecen tan pronto como alguien más aparece en la foto. Esperar que una relación te arregle es otra manera en que se forma la codependencia. Las parejas se aferran unos a otros con la esperanza de que disminuya su confusión interior, lo que los lleva a creer que es la mejor cura. Cuando parece que no funciona, se aferran con más fuerza hasta que el intento se vuelve en contra. Para estar en una relación saludable, usted necesita trabajar en ser un individuo saludable. Una manera de hacerlo es trabajando en su autoestima. Lo creas o no, la autoestima rota es a menudo la raíz de muchas dinámicas de relación defectuosas. Esto no es menos cierto en el caso de las codependencias.

Los consejos y ejercicios en este capítulo contribuirán a un sentido más fuerte de uno mismo y una autoestima más poderosa. Tómese el tiempo para pensar en usted y solo en usted.

Cómo la alta autoestima puede mejorar su codependencia

Las parejas codependientes tienden a negar la conexión entre la autoestima y la codependencia. Muchos insisten en que su codependencia nace de un profundo amor y compromiso mutuo, pero esto es una ilusión. El amor profundo y el compromiso pueden existir, pero muchas parejas son capaces de sentir lo mismo sin recurrir a patrones insalubres. Una de las mayores diferencias es que las parejas sanas tienen niveles más altos de autoestima. Estas son las mejoras que la autoestima puede hacer en la dinámica diaria:

Ejemplo #1

No más codependencia

Baja autoestima: Frecuentemente dudas de ti mismo y te sientes indeciso. Esto resulta en inacción acerca de cómo alcanzar sus metas. Ni siquiera estás seguro de que sean buenas metas. En general, usted se siente sobrecargado de escepticismo acerca de sus elecciones en la vida. Esta es la razón por la que usted confía en que su pareja le dirá qué hacer.

Alta autoestima: Cuando se trata de sus objetivos, usted confía en que puede encontrar el curso de acción correcto. Esto no significa que no cometerá ningún error en el camino, pero confía en que, si lo hace, descubrirá cómo solucionar el problema y lo hará en consecuencia. Escuche los comentarios de su pareja, pero nunca permita que sea el voto decisivo, a menos que esté de acuerdo.

Ejemplo #2

Baja autoestima: Parece que haces todo mal. Cada vez que intentas hacer algo nuevo, siempre sale mal y falla. No crees que tienes ninguna habilidad fuerte. Usted prefiere que su pareja haga todo porque usted no puede hacer nada tan bien como ellos. Crees que eres muy incompetente.

Alta autoestima: Puede que no lo hagas todo bien todo el tiempo, pero sabes que sigues siendo una persona muy competente. Hay una curva de aprendizaje para todos y siempre lo haces bien con el tiempo. Usted se siente completamente cómodo cuidando de sí mismo y está feliz de compartir tareas u otras tareas con su pareja, ya que sabe que puede manejarlas igual de bien. Nadie es perfecto, pero sabes que puedes hacer cualquier cosa que te propongas.

Ejemplo #3

Baja autoestima: Tienes tanto miedo de estar sola. Esta es la razón por la cual usted no puede implementar ningún límite en su relación; está aterrorizado de que esto cause que su pareja lo abandone. Incluso cuando su pareja hace algo que le molesta, usted se muerde la lengua y se guarda sus sentimientos para sí mismo. Solo quieres complacerlos para que se queden contigo. No sabes quién eres sin ellos y no estás seguro de cómo seguir adelante por ti mismo. Los necesitas desesperadamente en tu vida para sentirte seguro.

Alta autoestima: Por supuesto que quieres a tu pareja - después de todo, ¡por eso estás con ellos! - pero estarás bien si tu relación no funciona. Estás en la relación porque quieres a tu pareja, no porque la *necesites*. No tienes ningún problema en ser honesto y poner límites con tu pareja porque sabes lo que necesitas para ser feliz en una relación. Si su pareja no está dispuesta a cooperar, es una clara señal de que no es la persona adecuada para usted. Sabes lo que vales y lo que vales fuera de estar en una pareja. Su relación consiste en dos personas enteras - no dos mitades.

Deje la Codependencia con estas 22 Afirmaciones de Autoestima

Las afirmaciones positivas son una forma comprobada de mejorar el diálogo personal. Al recitar mantras de empoderamiento, su diálogo interno cambia y todas las tendencias de autosabotaje pueden ser abandonadas con el tiempo. Para ayudar a construir su autoestima y solidificar su confianza interior, trate de hacer que estas afirmaciones positivas formen parte de su conversación personal. La práctica continua reconfigurará su cerebro para sentir instantáneamente una mayor satisfacción personal.

1. Todo lo que necesito ya está dentro de mí.
2. Soy el maestro de mis propias emociones.
3. Hoy superaré los obstáculos con renovada fuerza.
4. Soy mi propia fortaleza. Yo, solo, tengo el control de lo que entra y lo que sale.
5. Puedo suministrar fácilmente lo que necesite.
6. Soy capaz de hacer grandes cosas.
7. Dejé atrás mis problemas pasados y doy la bienvenida a días más brillantes.
8. Puedo mantenerme orgullosa y valientemente por mi cuenta.

9. Estoy abierto y listo para experimentar mi verdadero poder.
10. Cada paso que doy me lleva al éxito.
11. Estoy alimentado por mi magia interior.
12. Estoy inhalando una poderosa confianza y exhalando dudas sobre mí mismo.
13. Soy más fuerte que nunca.
14. Estoy completo y soy suficiente.
15. Estoy zumbando de brillantez.
16. Todo lo que toco se infunde de luz.
17. Soy una fuerza imparable.
18. Soy una copa desbordante de amor y alegría.
19. Soy fuego y estoy ardiendo por delante.
20. El universo me apoya a mí y a todos mis sueños.
21. La belleza está a mi alrededor y la creo dondequiera que voy.
22. Hoy es el comienzo del mejor capítulo de mi vida hasta ahora.

8 ejercicios para desarrollar una poderosa autoestima

Lo mejor de la autoestima es que se puede construir. Lo que sientes por ti mismo ahora no es lo que sentirás para siempre. La única razón por la que tiene baja autoestima es porque su cerebro está acostumbrado a crear pensamientos negativos sobre usted mismo, pero esto no es indicativo de quién eres realmente. Es hora de romper el patrón para siempre y empezar a mirarte a ti mismo con amabilidad. Posees muchas cualidades positivas y es hora de que empieces a reconocerlo.

1. **El diario de las victorias**

Sus días están llenos de victorias. Puede que no se dé cuenta, pero es verdad. La razón por la que no te das cuenta es porque estás esperando que una gran victoria caiga del cielo, pero ¡logras pequeñas y medianas victorias todos los días! Estos merecen ser celebrados también. La cosa es que no es realista lograr una gran victoria todos los días. ¡Nadie hace eso! Para prepararte para una gran victoria, empieza un diario y llénalo con tus pequeñas victorias. Cada día, haga una lista de tres cosas que hizo bien - tanto las ganancias intencionales como las no intencionales.

¿Te has hecho un sándwich absolutamente delicioso? ¿Pasó menos tiempo en los medios sociales hoy que ayer? ¿Quizás le hiciste un cumplido a un extraño y eso los hizo notablemente felices? ¡Todas estas son victorias que hay que celebrar!

2. Culpe a las circunstancias, no al individuo

Cada vez que cometemos un error, tendemos a culpar a nuestra personalidad. Esto no siempre es justo. La próxima vez que falle o cometa un error, trate de culpar a las circunstancias. Por ejemplo, supongamos que olvidó recoger los comestibles de camino a casa desde el trabajo. En vez de llamarte olvidadizo o estúpido, trata de llamar a las circunstancias que te trajeron aquí. Atribuya este error a lo ocupado que ha estado últimamente y al estrés que ha estado sintiendo. ¡Te habrías acordado de hacer la tarea si no estuvieras tan cansado! No es quién eres en el fondo. Ahora, es importante no detenerse en el error. Empiece a pensar en soluciones para la próxima vez, en caso de que surjan las mismas circunstancias.

3. Hable con alguien que lo haga sentir bien

La forma en que nos sentimos sobre nosotros mismos está fuertemente influenciada por la gente que nos rodea. Si pasas mucho tiempo con gente que habla negativamente sobre ti o sobre el mundo en general, vas a absorber esta negatividad en tu propia conversación. Si no puedes eliminar a todos los que te hacen sentir mal contigo mismo, asegúrate de pasar tiempo con personas que te hacen sentir bien. Pase tiempo con ellos sin traer a su pareja, si puede. ¿Te hacen sentir raro? ¿Inteligente? ¿Capaz? ¿Perspicaz? Apóyese en estos buenos sentimientos y diviértase con su nuevo amigo. ¡Y reconozca que usted realmente es todas estas maravillosas cualidades que usted siente!

4. Actívese

Activarse puede sonar como una manera extraña de construir la autoestima, pero créalo o no, funciona de maravilla. Cuando vamos de excursión o trotamos un par de millas, nos enfrentamos a pruebas reales de nuestra capacidad para lograr algo. Simplemente estamos haciendo y luego teniendo éxito. Cuando nos sentamos y cocinamos en nuestros propios pensamientos, es fácil que la negatividad y la duda de uno mismo se inunden. Tenemos que acostumbrarnos a *hacer* y luego mirar hacia atrás para ver lo lejos que hemos llegado. Cuando nos ponemos activos, podemos poner distancia a nuestro progreso o admirar la vista desde nuestra meta. ¡Es una gran manera de recordarnos a nosotros mismos de nuestro poder porque lo estamos usando para darnos pruebas! Las endorfinas de la actividad y la oportunidad de salir de la rutina también le darán un estímulo inmediato del estado de ánimo.

5. Responda al diablo en su Hombro

Algunos de nosotros tenemos una relación continua con el diablo en nuestro hombro. No importa lo que hagamos, siempre hay una pequeña voz que nos dice que aún no somos lo suficientemente buenos. Esta voz puede incluso convencernos de que nos mantengamos alejados de cualquier posible riesgo porque fracasaremos o porque no tenemos la capacidad de triunfar. Es probable que hayas escuchado esta voz antes. Sin embargo, apuesto a que normalmente escuchas y te quedas callado cuando lo escuchas. A partir de ahora, no dejarás que esta voz te haga sentir mal. Incluso si te hace sentir loco, responde al diablo en tu hombro. Pelea, si es necesario. Pregúntele qué pruebas tiene para apoyar lo que está diciendo y devuelva las pruebas contradictorias. Piensa en cómo alguien cercano a ti te defendería en esta situación.

6. Mantenga una posición de poder

En un estudio reciente, se descubrió que los participantes que estaban en una postura de poder vieron una disminución en sus niveles de estrés y un aumento en su nivel de testosterona (lo que determina la confianza). Esto no es ninguna sorpresa, por supuesto, ya que el lenguaje corporal es una forma conocida de influir en nuestro propio estado de ánimo. La próxima vez que se sienta sin poder, triste o con poca energía, póngase en una de estas poses de poder durante al menos dos minutos.

No más codependencia

- Párese con orgullo con las piernas separadas y las manos apoyadas firmemente en las caderas. Asegúrese de sacar el pecho y enderezar la espalda.
- Recuéstese en su silla y ponga los pies sobre la mesa. Mantenga las manos cruzadas detrás de la cabeza y abra el pecho.
- Recuéstese en su silla con las piernas separadas. Coloque un brazo sobre algo que está a su lado (como una silla) y siéntase libre de hacer lo que quiera con el otro brazo.

Intente evitar las poses de baja potencia evitando cruzar los brazos, doblando las manos o encorvarse en su asiento. Estos tendrán el efecto inverso. ¡Elija una pose de poder y hágalo ahora!

7. Cree un ego alterado

Usar un ego alterado es un método probado para aumentar tu confianza. En un estudio sobre luchadores de artes marciales mixtas, se descubrió que la creación de un alter ego les ayudaba a sentirse y actuar mejor en el ring. Piensa en todas las cualidades que admiras y empieza a construir un personaje que encarne todas estas cualidades. Incluso puedes pensar en un nombre para este personaje, si quieres. La próxima vez que te encuentres en un escenario en el que te sientas tímido o inseguro, interpreta a este personaje. Pregúntese qué diría este personaje si estuviera en esta posición y considere lo que haría, cómo se comportaría, etc. Si estás sacando a este personaje en público, trata de no usar su nombre falso o dales una nueva vida, ya que puede ser incómodo si la gente se entera de que has estado fingiendo. Asegúrate de que sigues siendo tú, pero la versión 2.0 de ti. Para un poco más de diversión, puedes incluso jugar a fingir que este personaje tiene un superpoder. Pero esta vez, es muy importante que no intentes mostrarlo en público.

8. Trátese a sí mismo como a un ser querido

La próxima vez que te veas hablando negativamente sobre quién eres o qué has hecho, quiero que mantengas esos pensamientos. Ahora, en vez de decírtelas a ti mismo, quiero que pienses en decírselas a alguien a quien amas. ¿Cómo se sentiría si oyera a alguien hablarles así a sus seres queridos? Si te hace sentir enojado o molesto, ésta es la respuesta correcta. Esto debería mostrarle que la auto comunicación negativa tampoco es la manera correcta de hablar con usted mismo. Si quieres criticarte a ti mismo, piensa en cómo criticarías a alguien que realmente te importa. Lo harías constructivo y gentil, ¿no? Tal vez, incluso se tomaría el tiempo para recordarles sus fortalezas. Imagina formar esta crítica constructiva para otra persona y jura que solo te criticarás a ti mismo de la misma manera amable.

Otra alternativa a este ejercicio es imaginarse a usted mismo hablando negativamente con su hijo. ¿Sabes cómo eras cuando eras pequeño? ¿Un niño pequeño, incluso? ¿Te imaginas hablarle tan negativamente a ese niño pequeño? Apuesto a que al instante empezarías a sentirte mal. Nuevamente, forme una crítica como si estuviera hablando con este niño. Esta es la única manera correcta de criticarse a sí mismo.

Capítulo 5: Romper los patrones destructivos

Las parejas codependientes aguantan mucho uno del otro y a veces esto incluye muchas tendencias destructivas. Debido a la naturaleza aferrada y habilitadora de las codependencias, estos hábitos y patrones rara vez se tratan de manera adecuada. Cuando el objetivo principal gira en torno a hacer que su pareja se quede sin importar lo que suceda, un montón de comportamiento problemático es barrido bajo la alfombra. Entonces, la negación se instala. Las parejas se sienten demasiado cómodas en la dinámica existente - tan cómodas que se permite que el comportamiento increíblemente poco saludable se vuelva normal. Lo más probable es que su relación también esté llena de malos hábitos que necesitan ser quebrantados. Es posible que usted ni siquiera sea consciente de su impacto y del papel que juegan en alimentar la toxicidad de su relación. No importa cuánto trabajo haga con su mente; si sus acciones no reflejan esa mentalidad evolucionada, derrota todo el propósito del auto trabajo. No hay mejor momento que ahora para acabar con sus patrones destructivos.

5 maneras de derrotar a los celos intensos

La naturaleza aferrada de una relación de codependencia significa que ambos miembros de la pareja, naturalmente, tienen miedo de que la otra persona los abandone. Esto a menudo puede resultar en celos intensos. Uno o ambos miembros de la pareja mirarán a las personas que consideran amantes potenciales de su pareja con un escrutinio intensificado. No hay forma de saber quiénes serán estos "amantes potenciales", pero quienquiera que sean, el compañero celoso tirará de su pareja en la dirección opuesta. Cuando los celos están en sobremarcha, esto puede resultar en el aislamiento de ambos miembros de la pareja, ya que esta es la única manera en que pueden asegurar su protección de los individuos que los ponen celosos.

No más codependencia

Cuando los celos y la posesividad están en su peor momento, también puede haber celos sobre absolutamente cualquiera que esté cerca de la pareja en cuestión. Estos pueden ser amigos y a veces hasta familiares. La pareja celosa siente la intensa necesidad de ser la única y no quiere que su "especial" cercanía sea rivalizada de ninguna manera. No hace falta decir que los celos en cualquier forma pueden llevar a un comportamiento destructivo, si no se controlan. Mientras que los momentos fugaces de celos son normales, se consideran serios cuando la pareja comienza a tomar acción debido a sus celos. Esto puede ser algo como acechar a esta persona en los medios sociales o tratar de limitar su tiempo con nuestra pareja. Ponga fin a los celos de raíz antes de que rompa su relación.

1. ¿Qué pasaría si sus funciones se invirtieran?

Durante los momentos de celos, esencialmente estamos tratando de adivinar cómo se siente nuestra pareja en ese momento. No tenemos ningún hecho, solo suposiciones desinformadas alimentadas por nuestras inseguridades. Estamos tan obsesionados con pensar en nuestra pareja como un "otro" distante que olvidamos que el terrible resultado que estamos imaginando no tiene tanto sentido.

Digamos que estás en una fiesta y hay una persona atractiva en la habitación. Sospecha que su pareja se siente atraída por ellos y su mente se ve invadida por pensamientos horribles en los que le dejan por esta otra persona. En lugar de seguir imaginando este horrible escenario, quiero que imaginen un escenario inverso. ¿Y si hubiera una persona atractiva en la habitación que te atrajera? ¿Qué estaría pasando por tu cabeza? ¿Qué tan probable crees que sería que consideraras huir con esta persona y dejar a tu pareja? ¿Olvidarías instantáneamente a tu pareja en ese mismo instante? La respuesta es probablemente no. Lo que es más realista es que te darías cuenta de esta atractiva persona por un momento y luego seguirías adelante con tu vida. Lo más probable es que esto también sea así para su pareja. La próxima vez que se sienta celoso, pregúntese cómo actuaría si sus papeles fueran invertidos.

2. Utilice su gran imaginación a su favor

La gente celosa suele tener una imaginación fantástica. Con muy poca información pueden ir a su propio mundo e imaginar el peor resultado. La próxima vez que te imagines lo peor, quiero que intentes lo contrario. Quiero que uses tu imaginación para pensar en el mejor escenario posible. ¡No hay razón para que esto sea menos probable que el peor de los casos! Si su pareja tiene un compañero de trabajo atractivo y usted se está imaginando que se enamoran mientras trabajan juntos en un proyecto, deténgase ahí mismo y dele la vuelta. Imagínate a tu pareja mirando a esta persona y pensando en lo bien que te ves. Este puede ser el momento en que se den cuenta de que "Wow, realmente debo estar enamorado de mi pareja porque a pesar de que esta otra persona es objetivamente atractiva, no me siento atraída por él / ella". ¿Qué pasa si, en cambio, su pareja gasta todo el dinero? tiempo hablando de ti? Estas posibilidades son igualmente probables. ¿Por qué siempre tiene que ser lo peor?

3. Hable con su pareja

A veces no hay mejor solución que hablarlo. Sea honesto con su pareja y dígale cómo se siente acerca de esta otra persona. La gente celosa llega a las peores conclusiones y es solo cuando escuchan la retroalimentación de su pareja que se dan cuenta de lo ridícula que es la suposición. Su pareja puede ser capaz de aclarar que no, no estaba mirando a esa persona porque la estaba mirando, solo pensó que se parecía mucho a su prima. Nunca se sabe hasta que se saca el tema. Su pareja le asegurará que todo está bien y que rápidamente tendrá sus sentimientos de celos resueltos. Hazlo solo cuando tus celos te molesten de verdad, y evita mencionarlo cada vez que lo hagas. Siempre que puedas, debes tratar de manejar tus pensamientos por ti mismo. No confíe en su pareja para que le arregle todo.

4. Acepte que la atracción es normal

Usted podría tener la pareja más leal del mundo que adora el suelo sobre el que usted camina - incluso esta persona va a encontrar a otras personas atractivas. Así es como estamos biológicamente conectados. La atracción es completamente normal. No puedes detenerlo. Por difícil que sea, tendrás que aceptar esta realidad. En lugar de sentirse herido por este impulso humano, vea si puede modificar su psique para verlo como algo normal. Todo el mundo siente atracción. La atracción no es una elección, es solo otra sensación de calor, frío, hambre o sed. Los sentimientos de atracción no son lo mismo que el amor y ciertamente no son lo mismo que hacer trampa. Mientras su pareja no sea irrespetuosa, no es razón para castigarla.

5. Recuérdese que los sentimientos son diferentes de las acciones

La gente celosa se enreda en la atracción como si fuera lo mismo que hacer trampa o coquetear, pero esto no podría estar más lejos de la verdad. Como establecimos en el punto anterior, la atracción es un impulso normal. Cuando te encuentres resentido con tu pareja por su posible atracción hacia alguien, recuérdate a ti mismo que esto no es una acción que estén tomando. Hay una diferencia entre sentir hambre y atiborrarse de comida en un festín. Alguien puede tener sed, pero eso no es lo mismo que tomarse una jarra de cerveza. Recuérdese que su pareja no ha tomado ninguna acción, así que no hay razón para sentirse molesto o celoso.

6. Reconozca que sus sentimientos son un reflejo de usted, no de ellos

Lo que la gente no se da cuenta es que sus sentimientos hacia los demás no son indicativos de la realidad de nadie más. Tus celos son, de hecho, un reflejo de tu propia realidad interior y de tus propias inseguridades. Si deseas ser más alto, estarás celoso de la gente alta cuando, de hecho, a tu pareja no le importa en absoluto este factor. Un paso clave para derrotar los celos es aceptar este hecho. Tus sentimientos dicen más sobre ti que nadie. Si te obsesionas con una idea, es probable que refleje mejor tus inseguridades que la sensación real de atracción que tiene tu pareja hacia otra persona.

No más codependencia

Cómo romper el patrón de abuso narcisista

Como establecimos en un capítulo anterior, muchos narcisistas terminan en relaciones de codependencia. Los narcisistas disfrutan encontrando un facilitador y, desafortunadamente, muchos disfrutan haciéndolos doblegarse a todos sus caprichos. Si actualmente estás en una relación de codependencia con un narcisista o te estás recuperando de uno, entonces existe la posibilidad de que hayas sufrido un abuso narcisista. Antes de comenzar a romper el patrón, es importante que comprenda cómo funciona el ciclo narcisista:

-

ETAPA UNO - El Pedestal
Cuando un narcisista está obteniendo lo que quiere o satisfecho con la forma en que lo trata, responderá colocándolo en un pedestal. En esta etapa, puede ser casi difícil creer que el narcisista es verdaderamente un narcisista. Parecerán tan dulces y cariñosos, quizás incluso atentos, como intentan ocultar lo mejor de sí mismos su lado oscuro. Por un corto tiempo, te sentirás como si estuvieras en la cima del mundo, como si tu compañero narcisista realmente te apreciara. Es importante recordar que solo están siendo tan amables contigo porque están obteniendo lo que quieren. Su objetivo es animarte a que continúes dándoles lo que quieren.

-

SEGUNDA ETAPA – La "Traición"
Tan pronto como el narcisista deje de actuar *a* su manera, verás un lado completamente diferente de ellos. Pueden empezar a sentirse victimizados, amenazados o simplemente ofendidos. Con frecuencia, el desencadenante puede parecer completamente inofensivo, aunque usted comenzará a reconocer los desencadenantes comunes cada vez. Todo se reduce a lo que amenaza su visión de que ellos son el centro del mundo. Esto puede variar ligeramente con cada narcisista. Esta traición percibida los empujará al modo de ataque y puede llevar a mucho abuso verbal, mentiras, manipulación, acusaciones y otras formas de abuso emocional.

Aquí es donde el narcisista está en su peor momento, tratando activamente de dominar y forzar a la otra persona a someterse.

-

ETAPA TRES - El Descarte

La forma en que el narcisista actúa en esta etapa depende de la respuesta que reciba en la segunda etapa. Si lo encuentran aceptable, dejarán de ser agresivos. En cambio, puede haber juegos mentales como el tratamiento del silencio. Sin ser agresivo o abierto, el narcisista comenzará a plantar las semillas de la primera etapa de nuevo. Si el narcisista no está contento con la forma en que respondiste a ellos (y a veces no se sabe qué es lo que va a desencadenar esto), te descartarán, todo por no aguantar su terrible comportamiento. Harán esto mientras te hacen parecer el villano mientras que ellos son, por supuesto, la víctima. No importa lo razonable que seas en este momento, el narcisista está decidido a hacer una salida dramática. Las parejas que aún no están acostumbradas al ciclo encontrarán esta etapa muy desgarradora ya que pueden pensar que están perdiendo al narcisista para siempre.

-

CUARTA ETAPA - El Regreso

Si le das una oportunidad al narcisista, volverán arrastrándose. Una vez que terminan de remover el drama, el narcisista tratará de fingir que nunca lo hicieron o dijeron algo terrible. Esperarán que tú también intentes dejarlo pasar. Si los perdonas y les permites que se salgan con la suya, empezarás de nuevo en la primera etapa, donde el narcisista comenzará a ducharte de nuevo con afecto. Esta etapa final es crucial ya que determina si el ciclo continúa o si finalmente mejora a partir de aquí. Es en este punto que el habilitador del narcisista debe pensar en establecer algunas reglas reales.

Ahora que hemos establecido las cuatro etapas del ciclo narcisista, podemos finalmente trabajar en las lecciones esenciales que todos los facilitadores deben aprender.

1. **Entienda que usted está a cargo de romper el ciclo**

No más codependencia

No se equivoque, si quiere cambiar la forma en que se desarrolla este ciclo, depende de usted tomar medidas y exigir mejoras. El narcisista no hará ningún cambio por su cuenta. Seguirán por el mismo camino porque siempre les ha funcionado. No tienen un nivel lo suficientemente alto de empatía como para cambiar por sí mismos por el bien de tu felicidad. Su prioridad es conseguir lo que quieren y creerán que esta es la manera correcta hasta que les muestres que ya no funciona. El narcisista no cambiará, así que usted debe hacerlo.

2. Nunca se culpe a usted mismo

A pesar de que sus demandas están a cargo de romper el ciclo, esto no significa que deba culparse a sí mismo si sale mal. Cuando tu narcisista muestra un comportamiento abusivo, nunca es tu culpa. Hacerlos responsables de sus decisiones. Tan pronto como caigas por algo que no es tu error, el narcisista sentirá que ha ganado. Se sentirán victoriosos en ese momento y, lo que es peor, esto los animará a portarse mal en el futuro. Si saben que te culparás a ti mismo y les dejarás salir impunes, continuarán por este camino perturbador. Si ellos tomaron la decisión, solo ellos deben cargar con la culpa.

3. Prometa asegurarse de que cada violación sea castigada

Siempre recuerda que los narcisistas solo quieren salirse con la suya. Enséñeles que el abuso solo los alejará más de su deseo. Siempre que hagan o digan algo hiriente, castíguenlos retirándose de la situación. Antes de hacerlo, hágales saber que usted está enojado y que no cooperará de ninguna manera si están recurriendo al abuso. Demuéstreles que tan pronto como el abuso entra en la conversación, usted no está participando. La remoción de la situación es usualmente el mejor curso de acción ya que algunos narcisistas encuentran placer en las grandes demostraciones de emoción. Para ellos, esto significa que te preocupas y esta emoción puede ser usada en tu contra. Incluso si el narcisista dice algo ligeramente insultante, empezarán a aprender que incluso esto es inaceptable si dejas de permitir que se salgan con la suya.

4. Llámelos a todos para que se enteren de todo

Utilizando el ciclo narcisista que se detalla arriba, vigila en todo momento en qué etapa se encuentra tu narcisista. Cada vez que los veas haciendo un movimiento de poder o tratando de manipular la situación de alguna manera, llámalos. Esto es frustrante para el narcisista porque siempre piensan que son más listos que la gente que los rodea. Si les haces saber que estás al tanto de sus tácticas, esto les mostrará que sus métodos habituales no funcionan. Al señalar sus formas manipuladoras, usted puede acorralarlos para que sean más honestos con usted.

5. Entienda que la etapa dos es inevitables

Desafortunadamente, no hay manera de evitar la traición percibida cuando se trata del narcisista. A menos, por supuesto, que planees dejarles hacer lo que quieran en todo momento. Aunque usted no puede evitar sus emociones fuertes, puede ayudarles a encontrar mejores maneras de expresarlas. Idealmente, estas formas mejoradas no deberían implicar ninguna forma de abuso. Si el narcisista está teniendo un mal día, entonces siempre haz lo que puedas para protegerte de las consecuencias de la segunda etapa. Si se encuentra en un lugar frágil, es posible que desee alejarse por un tiempo y apagar el teléfono. O tal vez meditar antes de decidir hablar con ellos.

6. Aplicar límites más estrictos en la cuarta fase

El narcisista tiene tiempo para calmarse en la tercera etapa, así que para cuando la cuarta etapa comience a rodar, trata de poner límites más fuertes. Esta es la etapa donde el ciclo termina y comienza de nuevo. Si quieres empezar con una dinámica más saludable, aclaráselo al narcisista una vez que la gran explosión se haya calmado. Es en este momento cuando el narcisista tendrá más probabilidades de absorber lo que estás diciendo. Si no está seguro de qué límites establecer, considere las siguientes preguntas: ¿cuál fue el detonante esta vez? ¿Qué respuestas abusivas o insalubres mostraron cuando se molestaron? ¿Por qué te sentiste más herido? Ponga límites alrededor de su comportamiento abusivo y discuta maneras más saludables en las que puedan dar a conocer sus quejas. Sea claro acerca de qué comportamientos considera inaceptables en la segunda etapa y sea firme acerca de cómo habrá consecuencias la próxima vez.

7. Sepa que el apego o la adicción no es lo mismo que el amor

Si tienes una relación con un narcisista abusivo, considera buscar ayuda profesional o abandonar la situación, especialmente si crees que tu bienestar emocional está en juego. A menos que el narcisista se comprometa a mejorar sus métodos, es muy poco probable que haga cambios duraderos para mejor. Los facilitadores a menudo se quedan con sus compañeros narcisistas porque están convencidos de que el narcisista cambiará si se quedan un poco más. Desafortunadamente, esto resulta en mucha pérdida de tiempo y aún más sentimientos heridos. Los habilitadores siempre dirán tener un profundo amor por el narcisista - y en algunos casos, esto puede ser cierto - pero la mayoría de las veces, el narcisista solo los tiene enganchados. El refuerzo intermitente (el ciclo de mostrar el amor, tirar de él, y luego devolverlo) está científicamente probado para crear sentimientos que imitan la adicción. A menudo los facilitadores están tan enganchados al ciclo de la montaña rusa del narcisista que confunden este apego con amor. Es extremadamente importante que hagas la distinción entre estos dos sentimientos diferentes.

Los 10 hábitos terribles que usted necesita dejar

1. Preguntar dónde está su pareja en todo momento

Es normal tener registros con su pareja, pero muchas personas codependientes llevan esto a un nuevo nivel. Cada hora, cada dos horas, la pareja codependiente sentirá la necesidad de preguntarle a la otra pareja dónde están. Lo que distingue este comportamiento de los check-in de las parejas no dependientes es la frecuencia con la que se producen y la actitud que hay detrás de ellos. Cuando las parejas codependientes se registran entre sí, tiende a haber ansiedad detrás de su interrogatorio. No solo son curiosos, sino que *necesitan* saber. La próxima vez que se separe de su pareja, vea si puede mantener los controles limitados a una vez cada cuatro o cinco horas por lo menos.

2. Buscar en el teléfono de su pareja

Un número sorprendente de personas son culpables de husmear en el teléfono de su pareja. Haberlo hecho una o dos veces no es gran cosa, pero *nunca* debe convertirse en un hábito. Si usted necesita mirar a través de los dispositivos de su pareja para estar tranquilo, su relación necesita mucho trabajo. Si cualquiera de las dos partes está preocupada o ansiosa, la solución debería ser siempre hablar de ello con su pareja para que usted pueda cooperar sobre la base de la confianza. Si no puedes hacer esto, deberías aprender a dejarlo pasar desarrollando las herramientas de separación apropiadas. Husmear en el teléfono de alguien es una violación de la privacidad, no importa cuán discreto sea. Un paso importante para romper la codependencia es aprender a respetar el espacio personal del otro. ¡Deja de fisgonear!

3. Invitar a su pareja a cada reunión con amigos

No hay absolutamente nada malo en traer a tu pareja a tu círculo de amigos. De hecho, es probable que algunos de los mejores momentos se produzcan cuando esto ocurra. No importa lo divertido que sea, siempre debes asegurarte de pasar tiempo a solas con tus amigos. Para continuar teniendo amistades felices y satisfactorias, el vínculo inicial debe ser nutrido - y esto no involucra a su pareja. Puede que tus amigos no te lo digan, pero ellos también desean tenerte a solas a veces. La dinámica cambia una vez que la pareja de alguien está en la habitación, y aunque esta dinámica puede seguir siendo divertida, no hay nada como conseguir que el tiempo de calidad sea como solía ser. Una buena manera de mantener un nivel saludable de independencia es nutriendo sus relaciones y amistades lejos de su pareja, así como con ellos.

4. Dejar todo por su pareja de inmediato

Hay momentos en que es perfectamente aceptable dejar todo para su pareja. Si tienen una emergencia, entonces ve y ayúdalos, pero no abandones tu vida por nada menos que esto, excepto en raras ocasiones.

No más codependencia

Si está a punto de tener un día de reuniones importantes y su pareja se siente triste, espere hasta que haya terminado con sus obligaciones. Estar triste no es una emergencia. Su pareja debe ser capaz de manejar sus emociones durante unas horas. Si estás planeando ir a la fiesta de cumpleaños de un amigo, pero tu pareja está resfriada, ¡no cancele sus planes originales! Cuando nos acostumbramos a abandonar nuestras obligaciones por nuestra pareja, enviamos el mensaje de que nada ni nadie más importa. Esta es una actitud altamente destructiva que te llevará a arrepentirte en otras áreas de tu vida. Permita que el desarrollo profesional y personal sea tan importante como su pareja.

5. Espere que su pareja siempre lo anime

No podemos evitar sentimientos de tristeza, frustración o incluso depresión. Durante estos puntos bajos, nuestra relación puede ser una gran fuente de alivio y felicidad. Si su pareja hace algo especial para usted en su momento de tristeza, esto debe ser considerado un bono, no una necesidad. A menos que su pareja haya cometido un error por el cual se esté disculpando, nunca debe ser la responsabilidad de su ser querido hacer que usted se sienta mejor. Es razonable esperar que lo traten con consideración, pero nuestra confusión interior es nuestra y la responsabilidad de nadie más. Una señal importante de codependencia es la expectativa de que nuestras parejas arreglarán todo por nosotros. Es esencial que usted aprenda las herramientas necesarias para tratar sus problemas en privado. Su pareja tiene sus propios problemas con los que lidiar.

6. Decir que está "bien" cuando no lo está en absoluto

Si está tratando de salir de la codependencia, debe aprender a hablar con su pareja honestamente. Deja de barrer todo bajo la alfombra. Esto no significa que tenga que haber un gran reventón o que haya que hacer un gran escándalo por todo; solo significa que tienes que ser honesto si algo te molesta. Cuando descartamos nuestros sentimientos, nos arriesgamos a permitir que el comportamiento problemático continúe. Además, planteamos la posibilidad de construir resentimiento o insatisfacción a largo plazo. Ambos resultados afectan su relación negativamente. Para una relación sana y feliz, aprende a hablar de tus sentimientos de una manera constructiva y abierta. Una buena regla empírica es comunicar en declaraciones de "siento" en lugar de acusaciones, es decir, dirías "me siento molesto por lo que dijiste" en lugar de "lo que dijiste fue molesto".

7. Interrogaciones frecuentes

Cada vez que interrogamos a nuestras parejas, demostramos que no confiamos totalmente en ellos. Si usted tiene problemas de confianza debido a traumas pasados, hay una manera de buscar la tranquilidad de su pareja sin tener que recurrir a los interrogatorios. En lugar de disparar cien preguntas cargadas emocionalmente a tu pareja, trata de decir que te sientes insegura y que las necesitas para tranquilizarte. Este es un enfoque más honesto de la situación y es una manera mucho más amable de comportarse. Cuando interrogamos a nuestras parejas, esto crea ansiedad en ellas, ya sea que hayan hecho algo malo o no. No olvidemos que los interrogatorios son para intimidar, para obtener una respuesta forzando a alguien a someterse. Si desea tener una dinámica saludable con su pareja, omita toda táctica de intimidación o de miedo. Esto solo hará que su pareja tenga miedo de usted y podría ser contraproducente para su relación. Aprenda a construir una confianza más fuerte o a encontrar maneras más amables de obtener la respuesta que necesita.

8. Acechar a su pareja en línea

No es ningún secreto que la confianza es esencial para construir una relación fuerte. Por la misma razón por la que no deberías husmear en el teléfono de tu pareja o interrogarla, también deberías resistirte a la tentación de acecharla en línea. Las personas que hacen esto frecuentemente revisan la página de medios sociales de su pareja, manteniéndose al día con sus últimos "gustos", comentarios y acciones. Este hábito moderno de vigilar a nuestra pareja puede fácilmente volverse obsesivo y llevar a sospechas o disgustos por nada. Muchos codependientes se involucrarán en este comportamiento sin siquiera pensar en las implicaciones más profundas. Deje el hábito de monitorear el comportamiento de su pareja. Hable de sus problemas con ellos o aprenda a dejarlos ir.

9. Hacer que todos los medios de comunicación social publiquen sobre su pareja

Hay muchos significantes de la codependencia que son únicos en la actualidad y este es uno de ellos. Si casi todos los mensajes en tus medios sociales involucran a tu pareja, entonces esto es una gran señal de que tu identidad depende en gran medida de ellos. Como hemos establecido, una identidad que gira alrededor de otra persona es un síntoma clave de codependencia. En una relación saludable, el sentido de uno mismo debe estar claramente definido fuera de la relación. Los intereses, pasatiempos, opiniones, gustos y disgustos no deben depender de la otra persona en la relación. Si está buscando un hábito codependiente fácil de dejar de fumar, pruebe este. Explore su presencia en los medios sociales sin que esté tan estrechamente vinculada a su relación.

10. Cómo ayudar a su pareja con las tareas cotidianas de los adultos

Esto grita "codependencia" como pocos otros malos hábitos. Es completamente normal ayudar a tu pareja de vez en cuando, especialmente si tienes un poco de tiempo libre, pero no lo conviertas en un hábito a menos que estén haciendo algo similar por ti a cambio. Si usted tiene tiempo extra para prepararle a su pareja un almuerzo para llevar, ¿por qué no? ¿Ha hecho la rutina de empacar el almuerzo mientras su pareja prepara la cena todas las noches? Eso suena como un gran equilibrio de tareas. Pero si estás haciendo esto todos los días y no obtienes nada a cambio, entonces esto es un comportamiento directamente codependiente. En todo lo que hagas, asegúrate de nunca `bebé' a tu pareja. No realice tareas que todos los demás adultos están haciendo por sí mismos. Si usted puede hacerlo por sí mismo, su pareja también puede hacerlo por sí misma. Es hora de dejar que tu pareja sea el adulto que es.

Créase o no, el comportamiento destructivo y disfuncional no se trata solo de abuso. También pueden consistir en pequeños hábitos cotidianos que parecen inofensivos a primera vista. Con el tiempo, sin embargo, se desgastan en la confianza y en el vínculo que hay debajo de una relación. Para hacer espacio para el crecimiento, comience a eliminar estas compulsiones dañinas.

Capítulo 6: Estrategias de Destacamento

Debajo de cada codependencia hay un nivel insalubre de apego. Las parejas han fusionado sus identidades en una sola, hasta el punto de que ya no sienten que tienen una identidad separada fuera de su relación. Lo irónico es que el apego suele formarse a través de un intento de crear una identidad única. Sin embargo, solo nos alejamos más de este objetivo, ya que esta nueva identidad está tan entretejida con otra persona.

No todas las asociaciones codependientes tendrán tendencias abiertamente destructivas, pero el fuerte apego no es menos perjudicial para los individuos involucrados. Para romper la codependencia, ambos miembros de la pareja deben aprender a encontrar un sano distanciamiento el uno del otro. El desapego saludable todavía permite expectativas y dependencia, pero elimina la sensación de desesperación e impotencia. Las personas codependientes tienden a encontrar esta idea intimidante porque sienten que la codependencia es sinónimo de amor, pero una vez que rompen esta dinámica, al instante se sienten liberados. El amor que surge del deseo en lugar de la necesidad es mucho más gratificante para todos los involucrados. Para descubrir cómo se siente, utilice estas estrategias de separación para una dinámica más poderosa.

9 grandes hábitos que comienzan a sanar la Codependencia

Usted sabe todo acerca de los malos hábitos que deben ser quebrantados - ahora, es el momento de contarle acerca de los grandes hábitos que deberían reemplazarlos. Ponga en práctica estas nuevas prácticas en su vida diaria para empezar a ver un saludable distanciamiento de su pareja. Al absorber estas nuevas formas en su dinámica de relaciones, inmediatamente comenzará a sentirse menos codependiente.

No más codependencia

1. **Responder, no reaccionar**

Debido a traumas pasados, algunos de nosotros tenemos ciertas reacciones conectadas a nuestro cerebro. Sin siquiera pensar en ello, podemos encontrarnos cediendo a estos impulsos por puro hábito. Por ejemplo, si usted fue engañado en el pasado, puede ser que se desencadene si su pareja actual tiene un amigo cercano del sexo opuesto. Siempre que su pareja mencione que los ha visto, usted puede sentirse inmediatamente traicionado y enojado, incluso cuando no tiene razón para estarlo. Una buena regla empírica para evitar molestias innecesarias es cortar el impulso antes de que tome el control. En lugar de simplemente reaccionar por hábito, tómese el tiempo para escuchar realmente lo que su pareja está diciendo. Considere si lo que están diciendo es realmente irrazonable o si simplemente está abrumado por malos recuerdos. Responda a lo que su pareja le está diciendo en el aquí y ahora, en lugar de algo que sucedió en el pasado.

2. **Cuide sus deseos y necesidades**

No te pierdas en tu relación. Si hay algún interés o pasatiempo que le llame la atención, ¿por qué no despertar su curiosidad? Sumérjase en nuevas curiosidades y continúe explorando sus intereses establecidos. Deje de suprimir sus deseos, necesidades, curiosidades, gustos y disgustos. Cultiva y anima todo lo que te hace ser *tú*. Esto fortalecerá su sentido de sí mismo, asegurando que su identidad sigue siendo totalmente suya, incluso cuando se encuentra en una relación íntima. Tener necesidades y deseos diferentes no solo es bueno por el bien de la vida, sino que permite que ambos miembros de la pareja escapen a mundos separados para que siempre puedan recordar qué es lo que los hace únicos. De esta manera, nunca pierden el propósito de su vida y permanecen firmemente conectados a su esencia.

3. **Hacer que el espacio personal no sea negociable**

No *trate de* obtener espacio personal algunas veces; necesita hacer que el espacio personal sea algo no negociable. Reserve un día o una hora en la que pueda tener espacio para hacer lo que quiera - y por supuesto, sin su pareja. Deja de ver el espacio personal como una idea desalentadora y comienza a reconocerlo como absolutamente esencial para mantener tu felicidad a largo plazo. Véalo como algo imprescindible. Incluso si usted piensa que va a extrañar a su pareja, esa no es razón para aferrarse y nunca dejarla ir. ¿Por qué esperar a estar harto de ellos antes de tener espacio personal? Extrañar a alguien con quien podamos estar más tarde es una alegría increíble. Significa que el amor y la emoción siguen vivos. Al hacer del espacio personal una parte esencial de su estilo de vida, se asegurará de que este amor y esta emoción permanezcan vivos y no se desvanezcan. Hagan lo que disfruten y dense espacio para respirar. Esto hace maravillas en cada relación.

4. Sea responsable de sus acciones

Tan pronto como haces esto, creas una atmósfera de honestidad, humildad y coraje dentro de la relación. Ser responsables de nuestras acciones y admitir cuando hemos cometido un error puede ser difícil, pero no debería serlo. Cuando evitamos la rendición de cuentas, esencialmente estamos tratando de decir que somos impotentes y que todo nos sucede - que no es culpa nuestra porque no tenemos influencia sobre la situación. ¿Por qué es algo bueno? Cuando no tenemos poder, no podemos tomar medidas para mejorar las cosas. Nos convertimos en esclavos de las circunstancias y de los caprichos de los demás. Es por eso por lo que la rendición de cuentas es tan transformadora. Están reconociendo su influencia y control, y al hacerlo, también están reconociendo sus capacidades para mejorar las cosas. Cuando un compañero adquiere el hábito de asumir la responsabilidad y reconocer sus fallas, el otro compañero (siempre que no sea un narcisista) comienza a sentirse cómodo haciendo lo mismo. Una pareja que se hace responsable de sus acciones separadas es una pareja fuerte. Hay significativamente menos malestar y frustración en la relación. En lugar de culpas innecesarias y emociones agrias, finalmente puede haber un enfoque en las soluciones. La próxima vez que cometa un error, dígale a su compañero que se dio cuenta de lo que hizo, que lo siente y que quiere mejorar las cosas la próxima vez. No juegues al juego de la culpa.

5. Llame a su pareja por su comportamiento poco saludable

No más codependencia

Así como usted debe ser responsable de sus acciones, también debe serlo su pareja. A veces no es fácil reconocer cuando hemos cometido un error, especialmente cuando ciertos comportamientos son rutinarios. En este caso, es muy importante que el otro miembro de la pareja lo señale suavemente a su atención. Si no lo saben, ¿cómo pueden mejorar para el futuro? Si nota que su pareja muestra un comportamiento poco saludable o incluso autodestructivo, acostúmbrese a hacérselo saber inmediatamente. También es esencial que lo hagas de manera constructiva y con amabilidad. Si usted está enojado y abusivo, es probable que ellos respondan negativamente, agregando más obstáculos a la evolución de la relación. Si su pareja comienza a hacer un viaje de culpabilidad por querer pasar tiempo con sus amigos, trate este comportamiento codependiente. Diga, "Cariño, sentí como si estuvieras tratando de culparme por ver a mis amigos y me preocupa que estemos recurriendo de nuevo a nuestros modos codependientes. ¿Cómo podemos arreglar esto para la próxima vez? Me encantaría que pudiéramos encontrar una solución para poder pasar un buen rato con mis amigos. Es importante para mí que los vea a veces". Ves, eso no es tan difícil, ¿verdad?

6. Determine sus metas personales y profesionales
Mantenga un fuerte sentido de sí mismo al continuar creciendo y evolucionando. Si te encuentras sintiéndote estancado o como si tu relación te hubiera consumido, tómate tu tiempo para sentarte y reflexionar. A menudo podemos perder la dirección porque no hemos identificado nuestros deseos y nuestras metas. Piense en lo que le gustaría lograr en un futuro cercano y distante, y luego divida estas metas en pasos alcanzables. Estas pueden ser metas profesionales, metas personales o ambas. ¿Hay alguna habilidad que te gustaría llevar más lejos? ¿Un nuevo hito que le gustaría alcanzar? ¿Le gustaría perder o aumentar de peso? ¿Hay alguna obra maestra artística que te gustaría completar o por lo menos empezar? Hay muchas metas que puedes fijarte para tu vida. Escoja algo que encienda la emoción y la alegría en usted. Cuando nos fijamos metas, es mucho más fácil evitar la codependencia,

ya que estamos tratando instintivamente de alcanzar nuestras propias metas. Nos da algo por lo que debemos esforzarnos y que tiene que ver enteramente con nuestra propia vida y no está directamente relacionado con nuestra pareja. Asegúrese de que siempre tenga metas que está tratando de alcanzar, aunque sean pequeñas.

7. Obtenga una opinión externa

En las codependencias más extremas, ambos miembros de la pareja se resisten a hablar con otras personas sobre sus problemas, especialmente los relacionados con su relación. Han desarrollado una cercanía tan intensa con su pareja que sienten que no necesitan a nadie más. Desafortunadamente, esto también significa que cuando surgen asuntos o problemas legítimos en la relación, no tienen a nadie a quien contar. La perspectiva de una persona ajena puede ser enormemente beneficiosa, especialmente cuando proviene de un amigo cercano o de un miembro de la familia. Asegúrese de que ni usted ni su pareja excluyan sus respectivas redes de apoyo. Serán capaces de decir cuándo tu codependencia se está volviendo demasiado dañina. Aprenda a ver esto como una retroalimentación útil y no solo como algo inconveniente que preferiría no escuchar. Cuando estamos demasiado cerca de una situación, puede ser difícil ver todo como está. Confíe en sus amigos y familiares para que le digan lo que necesita oír. Acostúmbrese a alcanzar y mantener sus conexiones externas.

8. Diga "No" con más frecuencia

Hay una gran idea errónea de que, si amamos a alguien, debemos dejar que haga lo que quiera. Con suerte, ya te habrás dado cuenta de que esto no puede estar más mal. Nunca decir "no" a tu pareja es una de las cosas clave que puede llevar a la codependencia. Esencialmente significa que usted no tiene límites para su pareja. Cuando usted se acostumbra a decir "no" a su pareja, está defendiendo sus necesidades y deseos, transmitiendo que son tan importantes como los de su pareja. No es cruel decir "no", ya que a menudo las tendencias de "felpudos" pueden llevar a un resentimiento silencioso en las parejas codependientes. Al establecer límites, te aseguras de que nunca te agotarás dando más de lo que tienes. En el futuro, esto significa que usted estará más feliz, más satisfecho y mucho más listo para ser una buena pareja. La bondad que usted muestra a su ser querido nacerá del amor genuino en lugar de la necesidad y la obligación.

9. Resolver problemas juntos

Cuando alguien en una relación comete un error, la gente tiende a simplificar demasiado el proceso de búsqueda de soluciones. Ellos tienden a pensar: "Tú cometiste el error, así que deberías arreglarlo. Averígualo y llámame cuando las cosas mejoren". Dejamos que la persona que cometió el error busque una solución por su cuenta. Muchas parejas creen que esto es lo justo, pero está lejos de serlo. Las parejas saludables resuelven los problemas juntos. Esto no significa que ambos miembros de la pareja tengan la culpa. Demuestra que reconocen que dos cabezas son mejores que una. Si realmente quieres arreglar la situación y no solo "vengarte", deberías trabajar junto a tu pareja para encontrar una solución. Examine el problema en cuestión, lo que salió mal y lo que podría ser mejor la próxima vez. Acostúmbrese a cooperar en lugar de responsabilizar a su pareja por el cambio.

4 desafíos únicos para acostumbrarse al desprendimiento saludable

Si usted es extremadamente codependiente, la idea del desapego le puede parecer aterradora. Para simplificar sus próximos pasos, considere experimentar con los siguientes desafíos. Esto le ayudará a entrar en la mentalidad adecuada para encontrar su propia independencia. Al final de cada desafío, reúnase con su pareja y comparta sus diferentes experiencias. ¡Vea si puede divertirse con estos desafíos!

1. Dibuja tu día

No necesitas tener una racha artística para este desafío - de hecho, ¡podría ser más divertido si no lo haces! Para este desafío, ambos miembros de la pareja deben separarse durante varias horas y dibujar lo que ven, dondequiera que decidan ir. Pueden escoger cualquier cosa que vean ese día - puede ser divertido, serio, o incluso surrealista, ¡si así lo desean! Lo ideal es que ambas parejas no se envíen mensajes de texto, excepto para discutir la logística sobre dónde y a qué hora se reunirán más tarde. Al final del día, ambos compañeros pueden reunirse y mostrarse lo que han dibujado. Si eres un artista terrible, reírte de tus malos dibujos puede ser una noche divertidísima. Este reto es uno de los mejores, ya que permite a las personas entrar en contacto con su lado creativo y, al mismo tiempo, obtener un espacio personal. ¡Y los beneficios no terminan ahí! Las parejas siempre disfrutan mirando los dibujos de los demás y compartiendo las historias relacionadas con lo que vieron.

2. Reunirse en el centro

Si tienes un lado aventurero, prueba el desafío 'Reunirse en el Medio' con tu pareja. En pocas palabras: requiere que ambas partes exploren dos lugares opuestos o lejanos y luego se encuentren de nuevo a mitad de camino. Este desafío puede ser escalado para que se adapte a su tiempo y presupuesto. Si no puede viajar internacionalmente, ¡no hay necesidad de preocuparse! Cada pareja puede elegir una ciudad o pueblo en el país que siempre ha querido explorar. Esto funciona especialmente bien si la otra pareja ya ha estado allí o no quiere ir. Una vez que ambas personas han elegido su ciudad o pueblo, pueden identificar una ubicación que se encuentra aproximadamente a mitad de camino. Después de viajar y explorar lugares separados, pueden llegar el uno al otro y encontrarse en ese punto intermedio. Si tiene un presupuesto mayor, considere hacer esto con los países. Los viajes en solitario son una experiencia de empoderamiento y las parejas, inevitablemente, encuentran que el "encuentro a medio camino" es increíblemente romántico.

3. Intercambio de regalos

Al igual que "Dibuja tu día", este desafío implica que una pareja se separe durante unas pocas o varias horas. No debería haber comunicación alguna hasta que sea el momento de la reunión, más tarde en el día. El objetivo de su tiempo aparte debe ser comprar, crear o simplemente conseguir un regalo para su pareja. El objetivo puede ser un regalo o más, dependiendo de sus respectivos presupuestos. También sería prudente que ambos miembros de la pareja decidieran un límite de gastos, para que una persona no gaste más que la otra. Este es un gran desafío para empezar, ya que ambos miembros de la pareja todavía pueden sentirse cerca el uno del otro en la búsqueda de un regalo para su ser querido.

4. Afuera - Adentro

¡No se permiten excusas para este! Una persona está a cargo de "afuera" y la otra está a cargo de "adentro". Durante todo el tiempo que sea necesario para terminar, ambos miembros de la pareja deben concentrarse en sus tareas por separado sin ayuda del otro. Las parejas solo pueden comunicarse a través de la logística o si están pidiendo aclaraciones. Todas las demás comunicaciones deben guardarse para después de la prueba, cuando todo esté completo. He aquí un resumen de lo que cada persona está a cargo:

Afuera - Todas las diligencias que involucran salir de casa, como ir de compras al supermercado, enviar correo, recoger herramientas o materiales para reparaciones, llenar el auto con gasolina, depositar un cheque o retirar dinero para el alquiler, y muchas otras. También puede incluir las tareas domésticas si se realizan al aire libre, por ejemplo, jardinería, jardinería, reparación de cobertizos, etc.

Adentro - Todos los deberes relacionados con el interior de la casa y el mantenimiento general de la misma. Esto incluye lavar la ropa, hacer las camas, limpiar y desempolvar la casa, ordenar y reorganizar el desorden, lavar los platos y todas las demás tareas relacionadas con el hogar.

¡Quien termina primero tiene tiempo libre para hacer lo que quiera! ¿La única condición? Deben mantenerse alejados de su pareja hasta que se completen todas las tareas.

¿Por qué no crear su propio desafío? Para obtener el mejor resultado, ambos miembros de la pareja deben estar separados el mayor tiempo posible mientras se concentran en una meta claramente definida o disfrutan de una distracción.

No más codependencia

Capítulo 7: El espacio personal y el autocuidado

Hemos hablado mucho sobre el espacio personal y el autocuidado, pero algunos de ustedes se preguntarán: "¿Qué es exactamente lo que esto implica? Si usted está en el extremo de ser codependiente, es posible que necesite algunas ideas para su próxima sesión de autocuidado. Como hemos establecido, esto es crucial para mantener un nivel saludable de independencia en su relación. Cuando las parejas continúan practicando esto en una relación, se vuelven más fuertes, individuos más valientes que ven más realización en la vida a largo plazo. Si está intimidado por la idea de tener una separación temporal, comprenda que solo es difícil por una razón: ¡está rompiendo una rutina fija! De ninguna manera es indicativo de los efectos que finalmente tendrá. Destructivos o no, los patrones son difíciles de romper, pero una vez que tienes éxito, tu vida florece de una manera que nunca hubieras imaginado.

6 razones por las que el espacio personal sana a las parejas

Antes de que se le ocurran excusas para saltarse el resto de este capítulo, examinemos los beneficios del espacio personal. En los días en que la ansiedad te abruma, cuando solo quieres aferrarte y no soltarte nunca, vuelve a esta sección. Esta es la razón por la que el espacio personal es vital para sanar la codependencia:

1. Te hace una persona más fuerte

Cuando se nos da espacio para hacer lo nuestro, utilizamos herramientas de afrontamiento y autogestión que dejamos de utilizar en presencia de nuestros seres queridos más cercanos. Si tenemos una necesidad, aprendemos a cuidarla por nuestra cuenta. Aprendemos a proporcionar nuestro propio entretenimiento. Y finalmente podemos escuchar y evaluar nuestros propios pensamientos, sin la influencia de un partido externo. Esa punzada que sientes cuando estás solo y realmente deseas que alguien te acompañe, es que tu mente se niegue a usar tus propias herramientas de autogestión. Cuando tenemos a alguien a nuestro alrededor, no tenemos que utilizarlo tanto. Pueden ayudarnos a realizar tareas, entretenernos, y nos proporcionan tantas distracciones como deseemos. Esto se siente bien de la misma manera que sentarse en el sofá, en lugar de ir a trabajar, se siente bien. Nos permite no hacer ningún trabajo, pero daña nuestra capacidad de valernos por nosotros mismos y ser autosuficientes. Si no aprendes a ser fuerte ahora, será cien veces más difícil en el futuro. El espacio personal nos da la oportunidad de autogestionarnos de nuevo y esto trae muchos beneficios.

2. **Volver a conectar con nuestra individualidad nos hace más felices**

Cuando tenemos espacio personal, nos acordamos de lo que nos hace diferentes. En lugar de fusionarnos con la identidad de nuestra pareja, recordamos la nuestra y lo que nos hace únicos. Cuando nos reconectamos con esta parte de nosotros mismos, instantáneamente nos sentimos más felices. ¿Por qué? Es muy sencillo. Todos queremos sentirnos especiales. Nadie quiere sentir que se ha convertido exactamente en otra cosa. Los que lo hacen tienen la impresión equivocada de que la fusión de identidades es la cura para no sentirse especial. Esto, por supuesto, no podría estar más lejos de la verdad. Para sentirnos verdaderamente únicos y únicos, necesitamos conectarnos con algo profundo en nosotros mismos. A esta parte de nosotros solo se puede acceder a través de un tiempo suficiente. Por mucho que ame a su pareja, demasiado tiempo juntos puede hacer que olvide lo que lo hace diferente.

3. **Hay más de lo que hablar más tarde**

Si siempre están juntos, están recibiendo la misma experiencia general al mismo tiempo. Esto también puede ser especial, por supuesto; puedes discutir los eventos a medida que se desarrollan a tu alrededor y disfrutar compartiendo la misma experiencia. Pero no olvide que también se puede disfrutar de experiencias diferentes y contar la historia más tarde. Dos parejas que se reúnen después de un largo día separados pueden transmitirse las historias y los eventos del día entre sí, disfrutando de la narración de historias y del elemento sorpresa que conlleva. Cuando estamos siempre con nuestra pareja, nos perdemos la diversión de ponernos al día.

4. Usted también se puede cansar de las grandes cosas - ¡No deje que esto suceda!

Usted puede amar y apreciar profundamente a su pareja. Incluso pueden pensar que su relación es lo mejor del mundo y que están tan hechos el uno para el otro que nada puede arruinar lo que tienen. Odio tener que decírtelo: demasiado tiempo juntos puede, de hecho, arruinarlo. Digamos que descubriste los mejores panqueques del mundo. Los encontraste tan deliciosos que decidiste tomarlos en cada comida. Al principio, tener su comida favorita tres veces al día parecía el paraíso, pero ¿qué pasa después de unos meses? ¿O unos pocos años? Definitivamente empezarías a cansarte de ello. Eventualmente, empezarías a anhelar literalmente *cualquier* otra cosa. No importa cuán objetivamente buenos sean esos panqueques o cuánto los hayas disfrutado al principio. Si te pasas, no querrás tener nada más que ver con ellos. Lo mismo vale para usted y su pareja. Sin espacio personal, la relación comienza a ser sofocante. Esto conducirá inevitablemente a una asociación más tensa.

5. Le recuerda por qué están juntos

Cuando estamos constantemente con alguien o algo que amamos, empezamos a darlo por sentado. Nos acostumbramos tanto al acceso rápido y fácil que nos olvidamos de lo especial que es tener acceso. Las parejas que hacen del espacio personal parte de su estilo de vida experimentan mucha más gratitud hacia su pareja. Cuando están juntos, se les recuerda la alegría que su pareja trae a su vida. Los períodos de separación crean un contraste con los tiempos en que están juntos. Esto inmediatamente resalta las diferencias positivas que hace su relación. A su vez, esto hace que cada momento juntos parezca más especial. Las parejas se apreciarán mucho más y serán más felices a largo plazo.

6. Gente más feliz crea relaciones más duraderas

No más codependencia

La codependencia se forma cuando las parejas están demasiado ansiosas o inseguras para dejarse ir. Irónicamente, aprender a hacerlo puede hacer que las posibilidades de permanecer juntos (felizmente) sean más probables. Considere todo lo que hemos cubierto hasta ahora. Habrá más emoción, no se cansarán el uno del otro, serán más felices y también lo será su pareja. Dos individuos felices y fuertes hacen una pareja feliz y fuerte. Para garantizar una satisfacción duradera, es necesario que haya espacio para crecer. Al darse espacio mutuamente, se permiten espacios entre sí para evolucionar hacia mejores seres. Las parejas que hacen esto prosperan mejor que el resto.

10 maneras de acelerar el crecimiento personal mientras tiene espacio personal

Las personas codependientes luchan por llenar su tiempo cuando finalmente tienen un espacio personal. Muchos comienzan a sentir ansiedad, no están seguros de qué hacer consigo mismos ahora que su pareja no está allí. Es útil notar que esto solo sucede porque es una ruptura con su rutina habitual. Se puede superar con la práctica. El espacio personal es un gran momento para finalmente enfocarse en el autocrecimiento y dar pasos hacia el logro de sus metas personales. Hacer el esfuerzo de mantener siempre sus metas a la vista le ayudará a protegerse de sus inclinaciones codependientes. Considere las muchas maneras en que puede hacer esto:

1. Aprenda una nueva habilidad

¿Hay algún talento que secretamente desearías tener? ¿Cuándo fue la última vez que pensaste: 'Ojalá pudiera hacer eso'? Un taller o una clase es algo fantástico para añadir a un horario y es un gran uso del tiempo personal. Puede ser cualquier cosa, desde clases de pintura y fotografía hasta clases de kung fu. El cielo es el límite cuando se trata de aprender. Usted podría incluso elegir mejorar una habilidad que le lleve a un ingreso más alto en el futuro. Perfeccionar una nueva habilidad le recordará su valor y capacidades más allá de su relación. Diviértete con este. ¡El mundo es su ostra!

No más codependencia

2. Ir al gimnasio

Haga que las sesiones de gimnasia sean parte de su rutina semanal y verá los beneficios más allá de su apariencia. No solo te verás más en forma y más tonificada, sino que lo más importante es que te *sentirás* más fuerte. Y al instante verás un aumento en tu nivel de autoestima y confianza. Hacer ejercicio es una gran manera de demostrarte a ti mismo que puedes superar la adversidad - esta determinación y fuerza se extenderá más allá de tu tiempo en el gimnasio, mejorando tu relación y probablemente incluso tu confianza profesional. Cuida tu cuerpo y toda tu mente reflejará esta transformación positiva.

3. Visite a un terapeuta

¡Es hora de eliminar el estigma de la terapia! Usted no necesita una condición de salud mental para poder ver a un terapeuta. Tener una sesión una vez a la semana o cada dos semanas es una gran manera de desestresar y reclutar la mente. Quitar de en medio las emociones y los pensamientos inquietos le da más tiempo para concentrarse en lo que realmente importa. La terapia puede ser especialmente beneficiosa para las personas en una relación de codependencia. Una figura neutra será capaz de señalar cuando los hábitos codependientes están surgiendo y ayudarle a evolucionar a partir de ellos. Pueden ayudarle a abordar la causa de fondo de sus problemas para que nunca más tenga que llamarse a sí mismo "codependiente".

4. Experimente con cocinar comidas más saludables

Todos sabemos cómo cocinar *algo* en la cocina, pero ¿cuántas comidas deliciosas y verdaderamente saludables puedes cocinar? En su tiempo libre, ¿por qué no experimentar en la cocina con algunos alimentos nutritivos para el cuerpo? Cuando enfocamos nuestra atención en alimentarnos, nuestras mentes encuentran un centro de calma. ¿Por qué? Porque estamos volviendo a lo básico y haciendo algo que literalmente nos mantiene vivos. Estamos prestando atención a los fundamentos de nuestro ser y esto puede ser meditativo. Pruebe y cocine con nuevos ingredientes, diviértase con nuevos sabores y vea qué deliciosas creaciones se le ocurren.

5. Planifique su futuro y establezca metas

Ahora que tienes tiempo a solas, ¿por qué no ves si puedes definir tus metas para el futuro cercano y lejano? ¿Qué le gustaría lograr? ¿Adónde te gustaría ir? ¿Cuáles son algunos hábitos que te gustaría romper y otros mejores que te gustaría adquirir? Mientras hace esto, trate de hacer su primer borrador de metas sin considerar lo que su pareja (o cualquier otra persona) diría sobre ellas. Solo concéntrese en sus metas y sueños. Una vez que identifique claramente cuáles son calcule lo importante que cada uno es para usted. ¿Qué tan feliz serás si logras cada uno? ¿La incapacidad para lograr un determinado objetivo conducirá a la infelicidad? Responda estas preguntas antes de pensar en lo que diría su pareja. Considere hacer los objetivos que lo harían profundamente feliz, no negociable.

6. Lea un buen libro

Dicen que los empresarios más exitosos del mundo leen docenas de libros al año. No es de extrañar por qué. La lectura no solo es entretenida, sino que puede ampliar sus horizontes de manera que cambie su perspectiva y perspectiva para mejor. Ya sea ficción o no ficción, la lectura trae muchos beneficios, incluyendo la mejora de la memoria y la reducción del estrés. Con el tiempo, encontrarás que tu vocabulario se expande e incluso puede mejorar tus habilidades de escritura. Incorpore más tiempo de lectura en su horario (¡ahora que tiene más paz y tranquilidad!) y podrá sobrealimentar su mente en poco tiempo.

7. Comience un proyecto creativo

No hace falta ser un genio artístico para iniciar un proyecto creativo. Es tan simple como elegir un medio que te guste y divertirte con él. Fomentar su propia creatividad le ayuda a desestresar y, a largo plazo, mejora su capacidad para resolver problemas. Los estudios han demostrado incluso que la creatividad aumenta la capacidad de adaptación a los nuevos cambios. La próxima vez que tengas tiempo para ti mismo, ¿por qué no intentas pintar o dibujar? ¿O tomar un instrumento y aprender a cantar?

8. Aprenda a desarrollar una mentalidad de crecimiento

A medida que busque nuevos pasatiempos y habilidades en su tiempo libre, trate de desarrollar una mentalidad de crecimiento. Una mentalidad fija está impulsada por la creencia de que todos nacen con ciertos talentos y dones, y todos aquellos que no son "dotados" nunca alcanzarán el mismo nivel de brillantez. La mentalidad de crecimiento se opone firmemente a ello, afirmando que podemos alcanzar el mismo nivel de brillantez si persistimos y seguimos mejorando. Mientras tengas espacio personal, trata de absorber esta mentalidad de crecimiento en tu espacio mental. Esto no solo le ayudará a mejorar ciertas habilidades, sino que también le ayudará a salir de su codependencia. Usted no tiene que ser codependiente para siempre; una mentalidad de crecimiento le asegurará que deje atrás sus viejos hábitos para siempre.

9. Tome descansos de la tecnología

Mientras te tomas un descanso de tu pareja, ¿por qué no te tomas un descanso con una "B" mayúscula de todo el caos del mundo moderno? Usted puede elegir el período de tiempo con el que se sienta más cómodo, ¡pero debería suponer un pequeño reto! Durante al menos un par de horas, apague todos sus dispositivos de comunicación y entretenimiento. Desconéctese completamente de todas las distracciones digitales y no se comunique con su pareja de ninguna manera durante este tiempo. Siéntete libre de hacer lo que quieras durante este tiempo, siempre y cuando estés a cargo de crear tu propio entretenimiento (¡no vayas a un bar y veas su televisión!) y te permitas estar solo con tus pensamientos. Practicar el tiempo sin tecnología puede disminuir la ansiedad con el tiempo a medida que se acostumbra al silencio y a la desconexión temporal.

10. Tenga una conversación con un extraño

Esto puede parecer una sugerencia extraña, pero aprender a estar cómodo con extraños tiene una serie de beneficios diferentes. No solo mejoras tus habilidades sociales, sino que aprendes a adaptarte a diferentes situaciones y diferentes personalidades. ¡Tampoco tiene ni idea de a quién puede conocer! Hay conexiones que esperan ser hechas a tu alrededor. Ampliar tu círculo de amigos es una buena manera de asegurarte de que no dependes demasiado de tu pareja.

12 ideas de autocuidado para que se sienta como un millón de dólares

Por supuesto, el espacio personal también debe ser sobre el cuidado personal. Cuando los codependientes están completamente envueltos el uno en el otro, se olvidan de cuidar de sí mismos. A menudo no nos damos cuenta de cuánto necesitamos el autocuidado hasta que finalmente lo experimentamos. El resultado: estamos tranquilos, centrados y en paz en todos los sentidos. Esto nos pone de mejor humor, haciéndonos individuos más agradables. A su vez, esto nos hace mejores parejas.

No es necesario reservar el autocuidado para cuando estamos completamente solos. El cuidado personal debe ser parte de su rutina y puede hacerlo solo o con su pareja cercana. Eso depende de usted. Independientemente de cómo decida cuidarse, asegúrese de dedicarle tiempo siempre para que pueda ser una parte constante de su vida.

1. Baños de burbujas

Probablemente lo hayas visto en las películas. Durante los momentos de relajación, un personaje se sumerge hasta el cuello en un baño de burbujas rodeado de velas. ¿Por qué no probarlo en la vida real? Burbujas o no burbujas, velas o luces de baño, música o silencio: la elección es suya. Descubre qué tipo de ambiente te ayuda a lograr una calma profunda y trata de llegar a ese lugar tranquilo en tu mente. Olvide el mundo por un momento y reléjese.

2. Masaje

Obtener un masaje no requiere ningún esfuerzo de su parte. Solo tiene que encontrar un spa o masajista que le guste el sonido, y disfrutar de ser mimado. Una sesión de masaje hace un cuidado personal brillante porque el amasado abre el cuerpo y - por supuesto - *se siente* increíble. La suave presión en todo el cuerpo alivia el estrés liberando dopamina, reduciendo la ansiedad y haciendo que te sientas más calmado instantáneamente, pase lo que pase. No tiene que ser complicado; simplemente acuéstese y permítase sentirse bien.

3. El café y un buen libro

Desde el amanecer de los cafés hípster, la rutina del café y un libro se ha convertido en una brillante forma moderna de lograr el autocuidado. Salga de su espacio y pase unas horas en una cafetería. Pida una taza de café humeante o un chocolate caliente cremoso, encuentre su lugar y, finalmente, ahóguese en ese gran libro del que tanto ha oído hablar. Lo creas o no, el solo hecho de salir de tu espacio personal puede reducir la ansiedad. La rutina del café y un libro le permite simplificar su vida por un momento. Todo lo que tienes que hacer es disfrutar de su lugar cómodo, centrarse en su libro, mientras que la nutrición de su vientre con la bondad cálida y rica.

4. Ir de compras

Vamos a empezar diciendo: ¡no te pases de la raya! Sepa cuál es su presupuesto y cúmplalo. ¿Y aparte de eso? Diviértete y disfruta de todo lo que te hace sentir bien. Hay una razón por la que existe el término "terapia de venta al por menor". Cuando compramos, podemos satisfacer nuestros deseos y necesidades. Esta es una buena práctica para el codependiente que tiende a centrarse en los deseos y necesidades de otras personas. Tómese este momento para cerrar su cerebro codependiente y considere qué compra lo excitaría en el aquí y ahora.

5. Obtener un cambio de imagen

A veces no hay mejor manera de sentirse bien que haciéndose *ver* bien. No hay reglas para conseguir un cambio de imagen - solo diviértete experimentando con tu apariencia con el objetivo de hacerte sentir atractivo. Si eres mujer, considera comprar los servicios de un maquillador. Ambos géneros pueden disfrutar de conseguir algunos trajes diferentes para su guardarropa o refrescarse con un nuevo corte de pelo. ¡Las posibilidades son infinitas!

6. Hablar con sus amigos

Hablar y reírse con los amigos es su propia forma de terapia. Mientras te dedicas al autocuidado, ¿por qué no te pones al día con algunos de tus amigos de más confianza? Esto no solo alivia el estrés, sino que se ha comprobado que pasar tiempo con los amigos conduce a una vida más larga y a una mejor salud mental. Ya sea que decidas complacerte en un gran restaurante o pasar una noche divertida viendo Netflix o un juego, asegúrate de que el tiempo con tus amigos sea una sesión regular en tu agenda.

7. Escribir en un diario

El diario es ideal para las parejas codependientes porque le permite ponerse en contacto con sus sentimientos. Para mantener la paz, se sabe que los codependientes cierran sus pensamientos y sentimientos, algo que no augura nada bueno para la salud de la relación. Llevar un diario puede ayudarle a desentrañar su mente y a desestresarse, permitiéndole organizar sus pensamientos y observar su mundo interior. Muchas personas eligen escribir en sus diarios a primera hora de la mañana o justo antes de acostarse, como una forma de calmar la mente durante el día o para dormir tranquilamente.

8. Meditar

Cuando se buscan los mejores métodos de autocuidado, la meditación se sugiere tan a menudo que tiende a provocar un giro de ojos. Hay una buena razón por la que la meditación es un delirio; tiene beneficios reales y duraderos que realmente marcan la diferencia en tu bienestar mental y en tu vida. Para meditar con éxito, uno debe tratar de limpiar su mente de todos los pensamientos y simplemente estar en el momento. Para empezar, trate de enfocar su respiración, y nada más. Lo ideal es que esto se haga en un lugar tranquilo donde uno pueda sentarse sin ser molestado. Haga de la meditación parte de su rutina de autocuidado y pronto verá una reducción del estrés y la ansiedad, y una mayor conciencia de sí mismo y capacidad de atención.

9. Vaya a dar un paseo en auto o a pie

No más codependencia

Este método de autocuidado no requiere más que energía y tiempo. Elija cualquier punto de partida y simplemente camine o conduzca a partir de ahí sin ningún destino a la vista. Solo hay que explorar y seguir adelante. El propósito de este impulso es despejar tu mente y tener tiempo a solas contigo mismo, mientras experimentas el movimiento de moverte hacia adelante. Salir a caminar o manejar es conocido por ser emocionalmente sanador; te permite tener el control total de tu camino y destino, simplemente ir a donde quieras y dejar que tus pensamientos encuentren paz.

10. Redecorar

Una manera divertida de lograr el autocuidado es redecorando tu espacio. Esto podría estar en cualquier lugar que quieras. Podría ser su escritorio en el trabajo, su dormitorio, o incluso toda su casa. Redecorar puede ser increíblemente divertido ya que nos permite usar el lado creativo de nuestro cerebro - pero más que eso, también es un acto de recuperar nuestro espacio y practicar nuestro control sobre nuestro entorno. Haga elecciones estéticamente agradables y vea si puede reordenar sus pertenencias para la mayor comodidad posible. Organiza y decora tu espacio para que se convierta en tu santuario personal. Al final, usted debe sentirse cómodo, relajado e inspirado en su espacio recién decorado.

11. Ejercicio

El ejercicio no es solo una manera de ver más crecimiento personal, sino también una excelente manera de cuidarse a sí mismo. Es importante que no te excedas y que no te agotes. Ya sea una caminata tranquila por el parque o una sesión intensa de pilates, el ejercicio asegura que su cuerpo permanezca fuerte y capaz. Muchas personas piensan que el ejercicio es tan difícil que posiblemente no sea autocuidado, pero esto es solo una señal de que lo necesitas más que nunca. El ejercicio nos permite reconectarnos con nuestra embarcación y estar más en sintonía con sus necesidades y habilidades. La fiebre de las endorfinas también significa que al instante te sentirás más positivo contigo mismo y con la vida en general.

12. Practique la gratitud

Lo creas o no, se ha comprobado que practicar la gratitud hace a una persona más feliz. Al entrenar al cerebro para que note y esté agradecido por las cosas positivas de la vida, instantáneamente comenzamos a operar desde una mentalidad de abundancia. Esto mejora nuestro sentido de autoestima, nuestra capacidad de empatizar, e incluso mejora nuestra calidad de sueño. Para empezar a practicar la gratitud, busque un lugar donde pueda empezar a tomar notas sobre lo que está agradecido. Puede ser un diario de agradecimiento especial o puede estar en la aplicación Notas de su teléfono. Cada día haga una lista de tres cosas por las que está agradecido en su vida. Trate de ser lo más específico posible. Recuerde que estas no tienen que ser grandes partes de su vida, puede ser tan simple como el fantástico almuerzo que tuvo o una gran sesión de ejercicios. Solo asegúrese de que sea lo que sea, se sienta genuinamente agradecido por ello.

No se sienta intimidado por la idea del espacio personal. Es una oportunidad para que usted recalibre, recargar energía y haga lo necesario para mantener su propia fuerza interior. Es un tiempo para reconectarse con las actividades que disfruta y el propósito de su vida. Aprenda a no verlo como una separación de su pareja, sino como un poderoso combustible para una relación saludable.

Capítulo 8: Sanando la codependencia para bien

Hemos desglosado las personalidades de las parejas codependientes, resaltado los hábitos que hay que erradicar, así como los hábitos que hay que empezar a introducir en la vida, pero eso no es todo lo que se necesita para seguir adelante. Los impulsos que conducen a la codependencia son profundos. Debajo de los pequeños hábitos y prácticas hay algunas lecciones clave y muy esenciales. Las prácticas más pequeñas sin duda ayudarán a construir una dinámica diaria más saludable, pero sin absorber estas lecciones básicas, es posible que se encuentre con una recaída en el punto de partida. Durante períodos particularmente difíciles, siéntase libre de volver a este capítulo para recordar lo que es importante.

Las lecciones que rompen la codependencia

- **El "Amor Duro" es Necesario - Abrazarlo**

No rehúyas la noción de amor duro. En pocas palabras, el amor duro es cuando le damos a nuestros seres queridos ciertos límites o restricciones con la intención de ayudarlos a crecer a largo plazo. Aunque no se den cuenta, el amor duro es para *su* beneficio. Para sanar la codependencia para bien, necesitas empezar a abrazar prácticas de amor duro. Esto significa decir que no y poner límites incluso cuando sientes lástima por ellos y quieres decir que sí. Los codependientes pueden tener problemas con la culpa al principio, por lo que es importante que cambie de mentalidad durante estos momentos. En lugar de centrarse en su reacción en el momento actual, piense en los beneficios que verán en el futuro. Piensa en las lecciones que esto les enseñará y cómo la vida les recompensará por ello si persisten. No se deje llevar por la incomodidad temporal y centre toda su atención en el crecimiento potencial de la situación. El amor duro es un tipo diferente de comportamiento amoroso, pero no es amar menos.

No más codependencia

- **Las necesidades son herramientas, no enemigos**

En las relaciones de codependencia, el facilitador tiende a ver sus necesidades como obstáculos. Después de todo, ¿cómo pueden atender las necesidades de sus parejas cuando las suyas se interponen en el camino? Para que los facilitadores continúen rompiendo sus patrones codependientes, necesitan dejar de ver sus necesidades como inconvenientes. Nuestros deseos y necesidades son herramientas. Nos hablan de nuestro estado de ánimo y de lo que necesitamos en nuestra vida para encontrar satisfacción. Nuestras necesidades nos dan la dirección que deseamos. Nos dice lo que necesitamos para crecer y lo que usted necesita para sostenerse emocional y psicológicamente. Las necesidades son, de hecho, herramientas e indicadores de crecimiento. No los rechaces o los impulsos se harán más fuertes. Nos volvemos infelices cuando ignoramos estos impulsos y tratamos de suprimirlos. Una necesidad significa una carencia y si no se controla, puede llevar a una especie de agotamiento emocional o mental. Sus necesidades son similares a la luz roja que se enciende cuando su auto comienza a necesitar más gasolina. Estas luces le hacen un favor al hacerle saber cuándo necesitan algo para seguir funcionando normalmente. Trate sus necesidades de la misma manera. ¡No deje que las luces rojas empiecen a parpadear!

- **Nada cambia si usted no cambia**

A estas alturas, es probable que ya se haya enfrentado a algunas verdades duras sobre su comportamiento y su relación. Es profundamente importante que no te detengas aquí. El conocimiento que usted necesita para cambiar no es suficiente por sí mismo para crear el cambio. Te sientes insatisfecho, insatisfecho, como si tu relación pudiera ser mucho mejor, y tienes razón - ahora haz algo al respecto. Use los sentimientos de insatisfacción como combustible para empezar a actuar. Su codependencia no sanará si no comienza a trabajar con su pareja para encontrar una dinámica más saludable. Si te encuentras volviendo a tus viejas costumbres, espera volver a tus viejos sentimientos de frustración. Si quieres algo mejor para tu relación, *sé* mejor.

No más codependencia

- **El aferramiento y la obsesión no son lo mismo que el amor**

Cuando usted está completamente envuelto en su pareja, puede ser fácil pensar que esta obsesión es equivalente al amor. Existe la idea errónea de que dar hasta que no te quede nada y fusionar tu identidad con la de tu pareja es lo que significa el verdadero amor, pero esto solo da como resultado la codependencia. Avanzando, trata de cambiar tu perspectiva de lo que significa el amor. Recuerda que el amor no se trata solo de cómo eres como una sola unidad, sino también de cómo la relación te afecta como individuo. ¿La relación le da poder para alcanzar sus propios sueños y metas? ¿O te hace sentir como si estuvieras renunciando al resto de tu vida? ¿La relación te recuerda quién eres realmente? ¿O erradica completamente tu identidad única? Piense en el amor en términos del futuro a largo plazo que estás construyendo con su pareja, no solo en lo gratificante que es instantáneamente. Trate de entender que el amor no se apodera de nuestra vida; ayuda a que el resto de nuestra vida florezca. Cuanto más se aferra a su pareja, menos tiempo y espacio hay para el resto de su vida. El amor verdadero se trata de dos personas enteras que se unen en todo su poder, no de dos mitades tratando desesperadamente de hacer un todo.

- **Deje de sentirse derrotado por el rechazo**

Hay una razón por la que ambas parejas alimentan este ciclo de codependencia; tienen miedo de lo que pasaría si dejaran de hacerlo. El facilitador está preocupado, en cierto modo, por no ser útil y la pareja habilitado está preocupado por ser olvidado. Aunque ambos miembros de la pareja tienen diferentes maneras de sobrellevar la situación, ambos están tratando de asegurarse de que el otro miembro de la pareja los siga amando. ¿Por qué? Porque la idea de perder a su pareja codependiente es demasiado dolorosa. Desafortunadamente, este tipo de mentalidad puede ser contraproducente. Cuando se nos impulsa a actuar de cierta manera para salir de la profunda inseguridad que rodea a la pérdida y el rechazo, puede convertirse en una profecía que se cumple a sí misma. Por difícil que parezca, ambos miembros de la pareja necesitan aprender a estar de acuerdo con la posibilidad de no estar en su relación de codependencia. En otras palabras, necesitan sentirse cómodos con la idea de ser solteros. Cuando piensan en perder a su pareja, es normal que sientan una profunda tristeza, pero no deben sentir que su mundo se va a acabar. El sentirse cómodo con la idea no significa que usted quiera que suceda - simplemente significa que, si es correcta, usted la aceptará. Al final del día, el rechazo nos permite saber lo que es correcto para nosotros y lo que no lo es. En lugar de tratar de evitar el rechazo de su pareja a toda costa, aprenda a verlo como una forma de medir su compatibilidad. Si es rechazado después de hacer tu mejor esfuerzo, entonces no era para ti. Un día descubrirá lo que significa para usted y estará bien.

¿Qué hacer si...?

Estás tratando de romper una codependencia y eso es un gran problema. Surgirán muchos escenarios que los dejarán sintiéndose confundidos e inseguros de qué es lo correcto para la salud de su relación. La próxima vez que se encuentre "atascado", vuelva a esta página. Cuando se enfrenta a alguno de estos escenarios, esto es lo que debe hacer:

- **Su pareja no está escuchando sus límites**

Para cuando termine este libro, probablemente se sentirá motivado para esforzarse por lograr una relación más saludable. Desafortunadamente, usted no puede controlar cómo se siente su pareja. Es posible que él o ella no esté listo para hacer nuevos cambios. Una de las formas en que lo harán saber es negándose a acatar los límites que acabas de establecer. Si llega a un acuerdo para dividir las tareas, es posible que su pareja aún no haga su parte justa, dejándolo con la mayor parte del trabajo.

Antes de determinar la mejor manera de responder, responda a estas preguntas: ¿cuántas veces ha tenido que recordarle a su pareja los límites? ¿Cuántas huelgas ha habido? ¿Qué tan irrespetuoso te sientes? Su intuición es una manera fuerte de medir esta situación. Si usted siente que su pareja está haciendo lo mejor que puede, pero solo está luchando por dejar atrás los viejos hábitos, entonces sea firme con ellos. No te avergüences de mostrarles que estás enfadado o molesto. Deje claro que esto significa mucho para usted. Si usted se siente irrespetado y como su pareja realmente no está tratando, entonces reconsidere su participación en esta relación. Usted está haciendo todo lo posible y es justo que su pareja también lo intente. Usted está listo para una mejor relación y mientras su pareja esté atascada en sus viejas costumbres, ellos también le impedirán crecer. Te mereces algo mejor.

- **Su pareja está exagerando sus dolencias como una forma de rebelarse contra sus nuevos límites.**

Usted ha tratado de establecer límites con su pareja y ellos han respondido exagerando su condición. Están haciendo todo lo posible para que parezcan más indefensos. Con suerte, ya sabes por qué. Quieren mantener el ciclo en marcha. Es probable que tengan miedo y estén nerviosos por el nuevo giro que está tomando su relación y quieren que usted empiece a comportarse como su antiguo yo.

Recuerde que a su pareja se le ha enseñado a equiparar la capacitación con el amor. Este cambio de comportamiento probablemente los está haciendo sentir inseguros, preguntándose cómo continuarán recibiendo amor de ti si ya no sientes la necesidad de ayudarlos. Trate de señalar este comportamiento, suavemente. Llama su atención sobre lo que están haciendo y explícales por qué se están comportando de esta manera. Puede que ni siquiera se den cuenta y que estén reaccionando puramente por inseguridad. Después de esto, continúen siendo firmes con sus límites, pero hagan un esfuerzo extra para mostrarles amor en formas que no fomenten la codependencia. Si les gusta recibir regalos, entrégueles flores o cualquier cosa que fomente un nuevo pasatiempo - pero todo el tiempo, no se arrepienta de hacerlos hacer sus quehaceres. Reemplazar el comportamiento codependiente con otro comportamiento amoroso.

- **Su pareja sospecha de usted cuando tiene espacio personal**

Dado que usted y su pareja están tan acostumbrados a pasar mucho tiempo juntos, puede resultar estresante una vez que finalmente agrega espacio personal a su vida diaria. Como una manera de sobrellevar la situación, su pareja puede incluso sospechar, creyendo que su comportamiento es causado por un motivo oculto más malicioso. Después de todo, están acostumbrados a ver el amor como sinónimo de tiempo juntos. Llevará tiempo ajustarse a esta nueva perspectiva y puede resultar en resistencia. Incluso pueden lanzar algunas acusaciones. Por ejemplo, pueden creer que la verdadera razón por la que usted quiere espacio es para hacer tiempo para hacer trampa o porque está tratando de romper con ellos de una manera amable. Estas son algunas de las muchas acusaciones que los facilitadores pueden escuchar.

Vea este comportamiento por lo que es. A su pareja le han enseñado que el amor significa aferrarse el uno al otro, así que naturalmente piensan que lo contrario significa que usted no se preocupa por ellos. Obviamente esto no es cierto, así que tómese el tiempo para tranquilizarlos suavemente. Recuérdeles que la razón por la que usted está tratando de cambiar es porque quiere asegurarse de que su relación tenga éxito. El espacio personal es una manera de asegurarse de que su relación sea saludable y segura, no desesperada y pegajosa. Busque maneras de tranquilizar a su pareja sin recurrir a un comportamiento codependiente. Al igual que en el escenario anterior, demuéstreles, amor de nuevas maneras, como comprarles un regalo de vez en cuando o escribirles una tarjeta sincera.

- **Su pareja todavía no puede cuidar de sí misma, aunque usted les haya dado espacio.**

Como hemos establecido, la sobre ayuda quita la autonomía y el empoderamiento. Para ayudar a su pareja a reconectarse con su fuerza interior, es probable que usted les haya dado espacio para aprender a cuidar de sus propias necesidades. Este es un paso positivo, de su parte. Sin embargo, es posible que su pareja aún no pueda ayudarse a sí misma. Lo están intentando, pero están fallando. Son incompetentes, hacen las cosas mal todo el tiempo y, en general, no hacen un trabajo tan bueno como solías hacer.

No más codependencia

En estos momentos, será tentador volver a su antiguo comportamiento. Verlos fallar hará que quieras ayudarlos nuevamente. Si realmente están luchando, está bien darles un poco de ayuda, pero aparte de esto, trate de mantenerse firme. De lo contrario, puede encontrarse regresando. Están luchando porque esto es nuevo para ellos. Usted ha tenido toda su vida para aprender a hacerlo de la manera correcta, pero ellos solo están aprendiendo ahora. Llevará algún tiempo. Espere que le lleve algún tiempo. Sea amable con ellos y haga lo que pueda para apoyarlos mientras aprenden, pero no haga el trabajo por ellos. Si su pareja tiene problemas para hacer su propia comida, cómpreles un libro de cocina nuevo o pague por una o dos lecciones de cocina - pero no se rinda y empiece a prepararles todos sus almuerzos de nuevo. Tenga paciencia y haga lo que pueda para fomentar el crecimiento.

- **Ha empezado a sentirse completamente inútil y sin valor.**

Hasta ahora, usted se las ha arreglado como el "arreglador" de su relación. Te acostumbraste a ayudar a tu pareja con cada cosa y a aliviar su dolor siempre que pudiste. Pero no olvidemos que no se trata solo de lo que su pareja recibe de usted; su satisfacción viene en forma de sentirse necesitado. Cuando sabes que estás ayudando a tu pareja, te sientes útil. Siente que está haciendo algo que importa. Romper con los hábitos de codependencia significa que estás tratando de no ayudar demasiado y este nuevo cambio ha hecho que se sienta un poco inútil. Esto puede incluso causar algo de depresión.

Recuérdese que usted *está* ayudando al dar un paso atrás. Al hacer esto, estás permitiendo que tu pareja aprenda sus lecciones y logre su propio crecimiento. Entiende que cuando no estás en una relación de codependencia, ayudar y ser útil se manifiesta en diferentes comportamientos. Estás acostumbrado a la forma codependiente de "ayudar", que es realmente habilitante. Cuando *realmente* ayudamos a alguien, hacemos lo que es mejor para él. Y en este caso, lo mejor para su pareja es *no* ayudarla en exceso. Reconozca que lo que realmente anhela es la gratificación instantánea que se obtiene al habilitar a su pareja. Al no obligarles a hacer nada, les permites hacer lo que les gusta

No más codependencia

en el momento. Esto puede parecer que es bueno para ellos, pero en realidad, es lo más alejado de ayudar. Recuerde esta distinción y resista la tentación de ayudar en exceso a toda costa.

Este viaje no siempre será fácil. De hecho, a veces usted luchará y sentirá que es demasiado difícil de manejar. Por supuesto que es difícil - después de todo, estás rompiendo los patrones de respuesta que han sido cableados en tu cerebro. Lo importante es que reconozcas la dificultad por lo que es. Es el crecimiento. Mantenga estas lecciones centrales en el centro de todas sus decisiones y pronto podrá decir con orgullo: "No, no soy codependiente".

Conclusión

¡Felicitaciones por completar No más codependencia! Al llegar a esta página, usted ha dado grandes pasos hacia una dinámica de relaciones más sostenible y saludable. Esta es una noticia maravillosa, no solo para usted, sino también para su pareja. Has demostrado que estás realmente comprometido con un futuro más feliz con tu pareja y que estás dispuesto a hacer lo que sea necesario para dejar de ser codependiente. ¡Estás mucho más cerca del éxito de lo que cree! Si necesita más motivación, todo lo que tiene que hacer es volver a este libro. Todo lo que necesita está aquí.

Con suerte, este libro le ha dado el poder de seguir dando estos grandes y poderosos pasos. Es importante que recuerde que las relaciones de codependencia no son una sentencia de por vida; los entrenadores de relaciones y los psicólogos de todo el mundo están de acuerdo en que las codependencias pueden, de hecho, ser sanadas con el tiempo. Al adherirse a las útiles reglas y consejos de este libro, pronto verá su relación bajo una nueva luz. Será un individuo más feliz, más satisfecho y su relación florecerá a su vez. Lo que es importante es que continúe persistiendo y que siga siendo consciente de usted mismo.

Hemos cubierto los detalles en profundidad de la codependencia, identificando lo que realmente significa y lo que exactamente la hace diferente a la dependencia diaria de nuestros seres queridos. Es importante que usted reconozca esta distinción ya que no hay necesidad de eliminar todo su comportamiento dependiente - algo de esto es perfectamente normal. A estas alturas, ya sabes muy bien la diferencia entre los dos. El comportamiento codependiente no significa no depender nunca de nuestra pareja. Simplemente significa tener un nivel saludable de dependencia y saber quién eres sin tu pareja.

No más codependencia

Antes de seguir adelante, es esencial que averigüe qué pareja codependiente es. ¿Es usted el habilitador o el habilitado? Trate de abordar esta cuestión sin negarlo. Hemos cubierto los antecedentes probables de cada pareja y es posible que te hayas visto en esas descripciones. Tal vez usted fue capaz de identificar la relación exacta en su infancia que le dio esta mentalidad codependiente. Ahora que ha terminado este libro, intente repasar esos recuerdos. ¿Qué relación temprana te enseñó a ser codependiente? Sumérjase profundamente en usted mismo y reconozca que esta relación temprana fue probablemente muy disfuncional. Tratar su relación de la misma manera solo resultará en las mismas disfunciones. No quieres eso, ¿verdad? Por supuesto que no.

Una vez que se comprometa a cambiar, tendrá que empezar a establecer algunos límites. Esto significa decir "no" y establecer algunas reglas cuando sea necesario. Significa transmitir a su pareja, de alguna manera, que usted ya no estará arreglando cada pequeña cosa que salga mal. Hacer esto puede ser difícil, especialmente porque no estás acostumbrado. Usted puede incluso tener sentimientos de culpa o incertidumbre sobre cómo hacerlos cumplir. Preste mucha atención a los consejos que hemos cubierto y pronto verá que los límites son completamente naturales. De repente te encontrarás con mucha más energía, ahora que ya no estás agotado por el sobreesfuerzo y por hacer más de lo que te corresponde.

Además de esto, también es importante que usted y su pareja trabajen para desarrollar su sentido de identidad. Esto puede significar desarrollar una autoestima y una autoconciencia más fuertes. Usando las afirmaciones y ejercicios en este libro, puede comenzar a volver a cablear su psique para producir pensamientos más positivos sobre usted. ¿Cómo puede aprovechar al máximo sus dones y cualidades positivas si nunca se da cuenta de que existen? Ya sea que te des cuenta o no, la autoestima es una gran parte de la sanación de la codependencia. Necesita reconocer que es usted una persona suficiente y maravillosa, incluso sin una pareja

No más codependencia

a su lado. Al crear un diálogo interno más positivo, ayudará a que su relación prospere.

Después de aprender sobre los límites y desarrollar la autoestima, te enfrentaste a grandes desafíos. Es decir, comportamiento destructivo. Con suerte, usted fue motivado e inspirado para finalmente eliminar estos hábitos dañinos de su vida. No puedes evolucionar si no te deshaces de los obstáculos. Una vez que haya identificado cuáles son estos obstáculos, puede trabajar duro para superarlos. Ahora que usted entiende el ciclo del abuso narcisista, es de esperar que pueda recuperarse de cualquier abuso que haya sufrido. Si estás en una relación con un narcisista, agárrate fuerte. Puede ser un viaje turbulento. Vuelva a la sección sobre el abuso narcisista y haga todo lo posible para promulgar los cambios que se mencionaron; de lo contrario, es posible que se encuentre atrapado en un ciclo que nunca termina. Recuerda esto: si no cambias, ¡nada cambiará!

Con nuevas estrategias de desprendimiento y ejercicios a su alcance, finalmente podrá descubrir la independencia. Permitan que esto se sienta liberador porque lo es. Diviértete con los desafíos y disfruta cómo se siente tener finalmente un espacio personal. A estas alturas, ya sabrá todo sobre la importancia del tiempo y el espacio personal. La próxima vez que te encuentres perdido sobre qué hacer contigo mismo, ten por seguro que tienes una lista sólida de ideas para qué hacer. Considere la posibilidad de participar en una actividad que promueva el crecimiento personal o que lo refresque a través del autocuidado. ¡Usted necesita ambos en igual medida!

Las lecciones básicas que son integrales para sanar la codependencia se han resumido en trozos del tamaño de un bocado. Vuelve al capítulo final, si alguna vez te encuentras vacilando. Recuérdese de estas lecciones y asegúrese de que cada cambio que haga sea impulsado por ellas. Si surge un escenario difícil con su pareja, este capítulo también le dará ideas sobre qué hacer. Siempre hay una solución siempre y cuando ambas parejas estén comprometidas con el crecimiento. No dejen que el "habilitador" y "habilitado" definan su vida juntos. Explora tu individualidad, aprende a desprenderte de manera saludable y sumérgete en el amor durante toda tu vida (no solo en su relación). Muestre el mismo afecto que es capaz de dar a otra persona, y moverá montañas.

www.ingramcontent.com/pod-product-compliance
Lightning Source LLC
Chambersburg PA
CBHW031110080526
44587CB00011B/902